新版 これで書く力がぐんぐんのびる!!

工藤順一
＋
国語専科教室［著］

作文がもっと楽しくなる
おもしろアイデアたっぷり問題に
チャレンジ!!

合同出版

この本をお使いになるみなさまへ

●作文は知的な営み

読むにたる内容を考え、それをだれにもわかるように「書きことば」を使って書くということは極めて知的な営みです。

「書きことば」というのは、状況を共有していない第三者にもわかるように書くためのことばです。これを駆使することは、子どもにとってはじめて体験するたいへん困難なことです。

また、「書きことば」で書くということは、何でも「思ったことを自由に、話すように」書くという、よくありがちな作文とは天と地ほどのちがいがあります。そして、残念ながら、このことが多くの国語教育者にまだきちんと認識されていないのが日本の国語教育の現状です。

この本で紹介するのは、その書きことばの習熟のために考えられ、小学校中学年くらいから楽しく取り組める新しい工夫と道具の数々です。

●各章の目的

・第1章　書きことばの基本

『コボちゃん』を教材に作文を書く「コボちゃん作文」をおこないます。書きことばで書くことに慣れるのが目的です。そのマンガを見ていない人にもどんなマンガかわかるように、しかも楽しみながらたくさん書くことでその目的は達成されるでしょう。

・第2章　主題を意識して書く

『ロダンのココロ』を教材に作文を書きます。「ロダン作文」です。犬と人間の視点のちがいから引き起こされる「すれちがい」を確実に作文にすることが目的です。まず、それを二項対立的な考え方で整理し、考えて主題を整えてから書くことを学びます。その後、マンガ全体を一文で表現することを学びます。

・第3章　要約して書く

『ことばのふしぎ　ふしぎなことば』『小さな町の風景』などが教材です。説明文の要旨と文学作品の主題を要約する練習です。要約とは単に文章を短くするのではなく、本質の理解につながっていく作業なのです。そして、まとめることを通して、文章とはまとまりのあるものでなければならないことを学びます。

・第4章　自分を客観的に見つめて書く

身近なものや、算数の問題、自分がいる空間などを教材にして、「宝さがし作文」「説明書作文」「図形作文」「紹介作文」「比較作文」をおこないます。現実の世界は雑多な情報にあふれ、主観的な思いのみでは通りません。ものごとを客観的に記述する力を養うのが目的です。

・第5章　意見文や小論文を書く

主として、「三角ロジック」を使って意見文を書く練習をします。まず、与えられた題材からテーマを見つけます。つぎに、テーマに関して自分なりの問題意識をもち、自分の経験や社会とのかかわりをふり返ることで、自分の意見を確立させます。そして、三角ロジックによって、その意見を論旨の整った文章にまとめます。最後は、「意見作文シート」を使い、より長い意見文（小論文）に挑戦します。

この本の活用の仕方

この本は、作文を書くときに必要な基本的な技術を、大人と子どもがいっしょになり、楽しみながら身につけられるようにしたものです。いろいろと解説を加える前に、まず子どもが作文に挑戦できるように、問題のあとにすぐ解答欄（作文用紙）を設けました。

そのつぎに、作文例を掲載してそれに解説を加えることで、子どもがどのようなところにつまずきやすいかがわかります。

最後に、子どもに作文を書かせる際、どこに注意して指導したらよいかを解説しました。

レッスンは第1章から第5章まで、全部で18あり、それぞれマンガや説明文、物語、図形などの「教材」を読んで、描写したり、要約したり、観察したりしながら作文を書いていきます。

はじめて挑戦する場合は、第1章からはじめるのがよいでしょう。しかし、子どもによって得意とするものや興味の対象がちがいますので、必ずしも順番通りに進める必要はありません。子どもに合わせて挑戦させてください。

なお、各章の最後にはその章の復習をすることができるよう、チャレンジを設けました。

一度だけでなく、ぜひ何度も挑戦させ、ほんとうの作文力を身につけさせてください。

18のレッスン

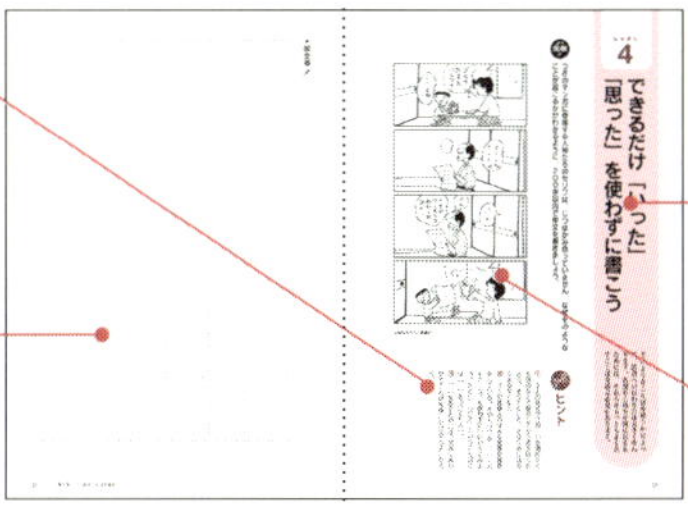

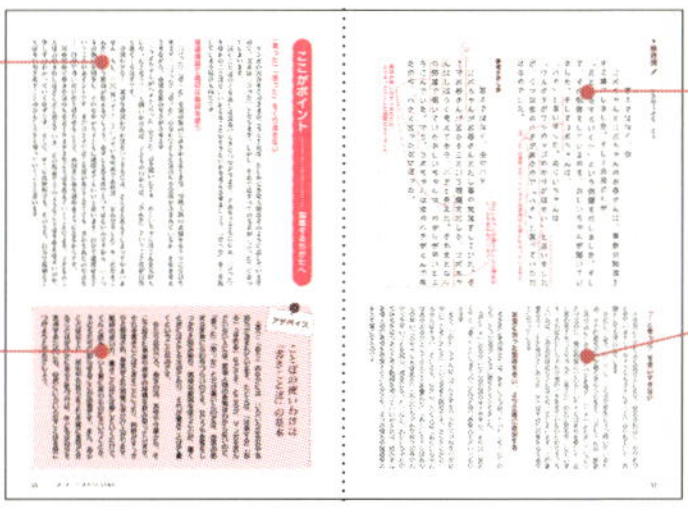

1. テーマの確認
レッスンのテーマを確認します。目的を持って取り組むことで作文が上達しやすくなります。

2. 作文の教材
『コボちゃん』や『ロダンのココロ』などユニークな教材を使って作文を書きます。

3. 作文のポイント
どんな点に気をつけて作文を書いたらよいかが書かれています。作文を書く前に確認してください。

4. 解答欄
作文のポイントを頭に入れたら、問題文の字数をめやすに作文を書いてみましょう。

5. 生徒の作文例
作文例を掲載。作文のポイントに気をつけるだけで、ぐんと読みやすい作文になります。

6. 作文の解説
指導前と指導後の作文の悪い点・よい点を解説します。どこが、なぜ悪いのか・よいのか、どうすればよくなるのか、がわかります。

7. 指導のポイント
大人が子どもの作文を指導する際に、何に気をつければよいのかについて解説しています。

8. レッスンのまとめ
そのレッスンは何のためにおこなうのか、そのレッスンを通じてどんな力が身につくのか総括します。

5つのチャレンジ

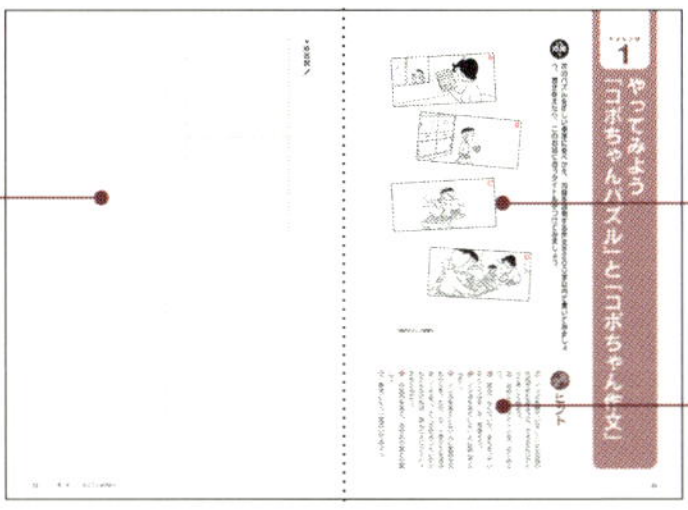

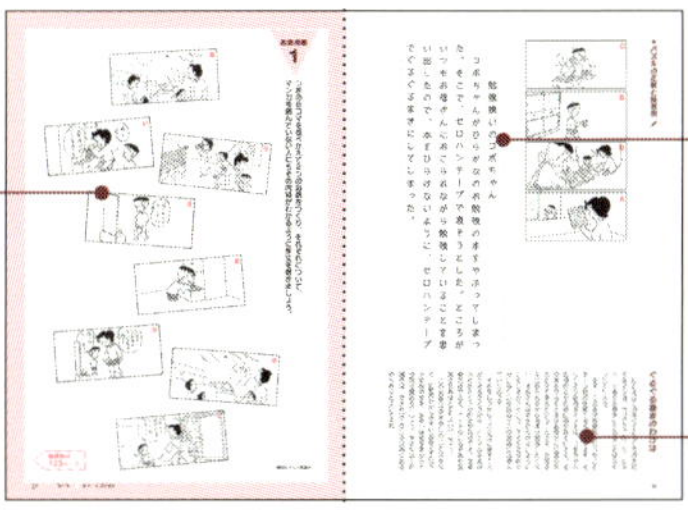

1. まとめの問題
その章で学習したことを活かすための問題です。

2. 作文のポイント
問題を読んでも、どのように作文を書けばよいかわからない場合には「ヒント」を参考にします。

3. 作文用紙
どのように書けばよいかわかったら、作文用紙に書きます。

4. 作文例
模範的な作文例です。自分が書いた作文と比べ、どこがよいか・悪いかを自分なりに考え、時間があればもう一度書いてみましょう。

5. 作文の解説
作文のどこがよいかを解説しています。

6. 発展問題
ヒントも作文例もありません。自分の力だけで作文を書いてみましょう。模範的な作文例は巻末の139～142ページにあります。

もくじ

観察する					論証する							
現　実					三角ロジック							

第5章　意見文や小論文を書く

装幀・デザイン　岡田恵子（ok design）

第1章

書きことばの基本

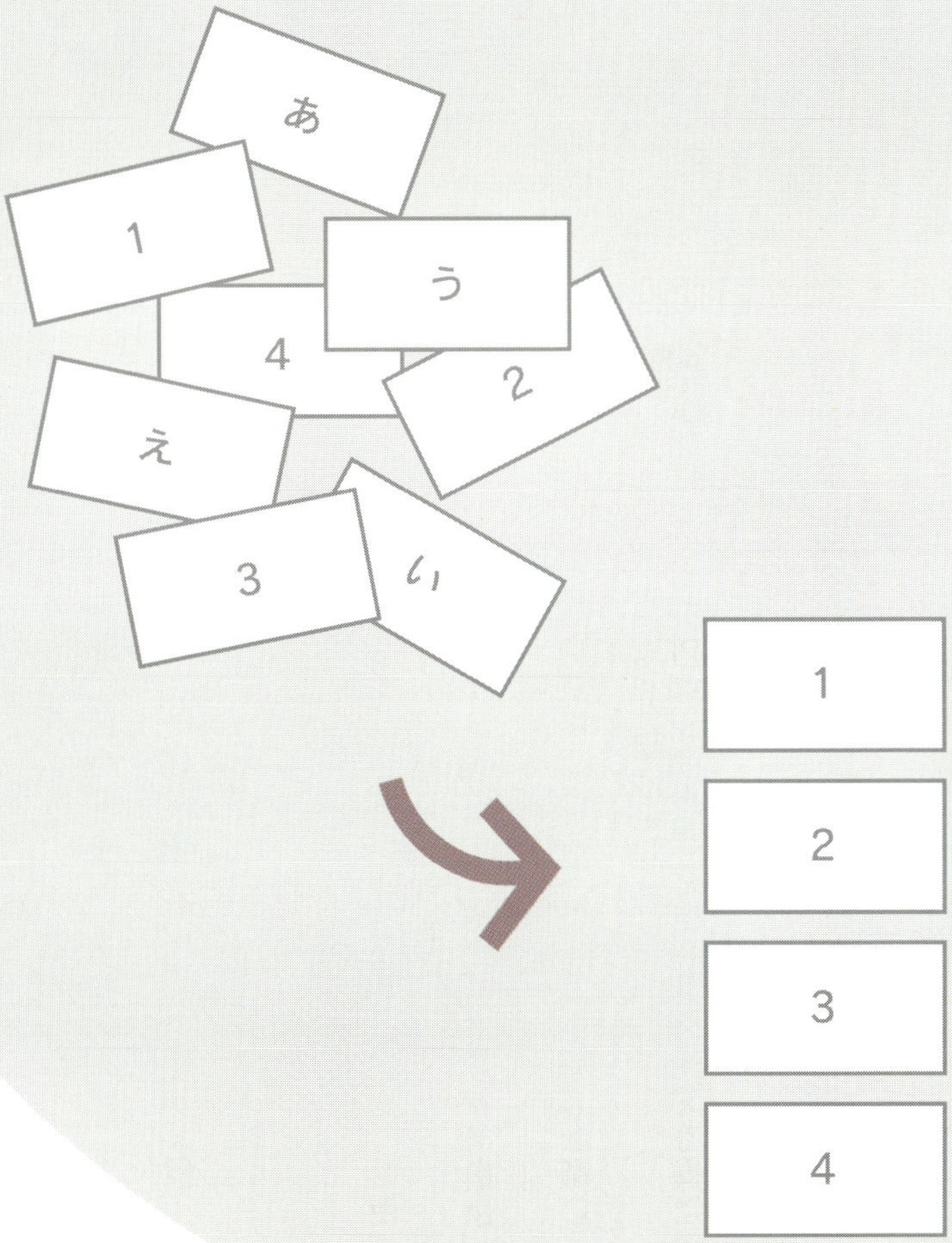

『コボちゃん』を読み、
登場人物の気持ちやようす、状況を
適切な言葉に置きかえよう。
マンガを読んでいない人にも
内容がわかるように書く練習をしよう。

ねらい	書き慣れる	教材	『コボちゃん』

レッスン 1

『コボちゃん』でパズルをしてみよう

まずは「コボちゃんパズル」でお話を組み立ててみましょう。これが作文への第一歩です。遊びながらパズルをすることで、お話の流れをつかむことができます。

問題

4コママンガの『コボちゃん』を、1コマずつバラバラにしたパズルが12枚あります。正しい順序に並べかえて、3つのお話に戻してください。

a

b

c

d

ヒント

① まずは1コマずつよく見て、そこから情報をひろい、12枚を4枚ずつ、3つのグループにわけてみよう。マンガに出てくるアイテム、登場人物のセリフや表情などもよく見てみよう。

② グループわけしたパズルの順序を並べかえてみよう。1コマ目から4コマ目まで、きちんとお話が通じるように、よく考えよう。

◆解答欄

①

e
ブー！

f
しまった
切りすぎた

g
ゴとサンたすといくつ？
ンーとね……

h

i
エート
ゴボウゴボウ

j
けっきょくつみ木ができたのね

k
エートねエートね
……

l
ゴボウちゃんちょっとー

②

③

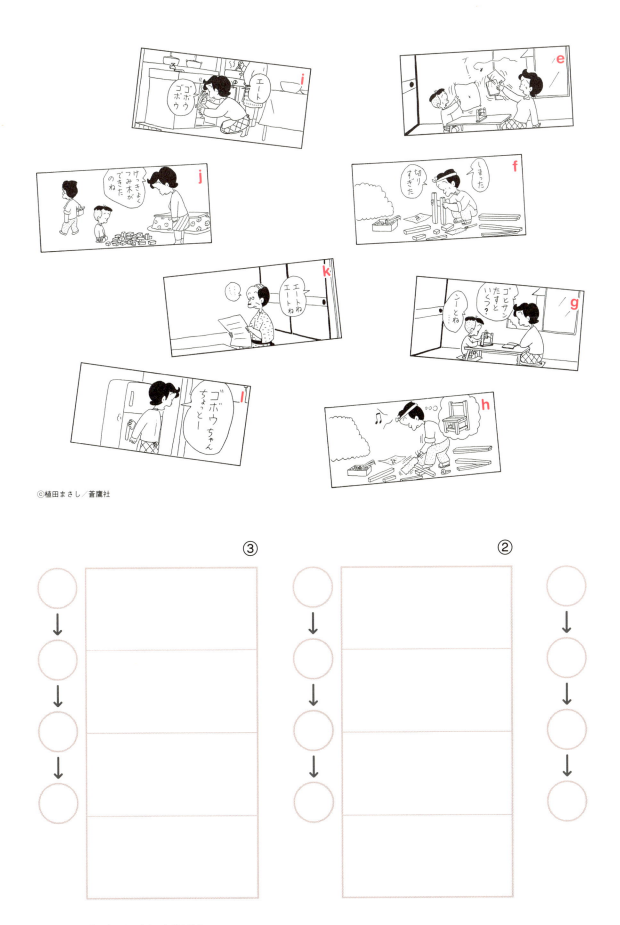

◆解答

①

h → f → c → j

h：お父さんがイスをつくろうと思って材木を切っていた
f：切りすぎてしまった
c：またまちがえて切ってしまった
j：積み木のようになった

②

i → a → l → b

i：お母さんが台所でゴボウを探していた
a：ゴボウがなかったので、コボちゃんにおつかいをたのむことになった
l：お母さんはコボちゃんのことを「ゴボウちゃん」と呼びまちがえた
b：コボちゃんは怒り、お母さんはあわてた

③

g → k → d → e

g：お母さんがコボちゃんに「5たす3」という問題を出した
k：コボちゃんはしばらく考えていた。おじいちゃんはとなりの部屋でその声を聞いていた
d：コボちゃんが「ハチ」と答えたので、おじいちゃんは喜んだ
e：コボちゃんとお母さんがいる部屋には虫のハチが入ってきていた

ここがポイント……指導する方がたへ

楽しいかどうかが重要

「作文を書こう」といわれたとき、「作文はきらい」とはっきり拒否反応をしめす子どもは少なくありません。では、なぜ作文がきらいなのでしょうか。答えはかんたん、楽しくないからです。それなら楽しいものにしてしまおう、そう考えてつくったのがこの「コボちゃんパズル」です。マンガが教材、しかもパズルであれば、いやがる子どもはほとんどいません。まだ学ぶ意欲の少ない子どもたちにとって、楽しいかどうかはとても重要です。

大人は手助けしない

パズルを並べかえる作業に、大人の手助けは必要ありません。必要ないというより、むしろそれをせずに待ってあげてほしいと思います。小学校中学年以上であれば、たいていの子どもが問題なく並べかえられるはずです。たとえ時間がかかっても、口出しせずに待ち、困ったようすを見せたときにだけサポートしてください。そうでなければ、やらされている感が強くなり、やはり子どもにとっては楽しくないものとなってしまうからです。

パズルを楽しみ、それをきっかけとしてすんなり作文に入っていった自称作文嫌いの子どもたちを多く見てきました。いつの間にか、「パズルが楽しい」から「書くことが楽しい」へと変化していくのを見るのは、とても不思議な気持ちですが、むずかしいもの、つまらないもの、やらされるものというイメージを取り去るだけで、子どもの気持ちは大きく変化するものなのです。

子どもの学年によってパズルを変える

マンガによっては、並べかえがむずかしいものもあります。とくに③「ハチ」のお話は、低学年にはむずかしいようです。ですから、低学年の子どもには、吹き出しが少なく、絵だけでオチがわかるような、できるだけやさしいマンガを用意しましょう。また、高学年や中学生の場合は、お話の数を増やし、5つ、あるいは6つのお話、つまり20枚ほどのパズルに挑戦させるとよいでしょう。

アドバイス

「コボちゃんパズル」は作文へのきっかけづくり

「コボちゃんパズル」は遊びですが、子どもがそのお話を理解しているかどうかをはかることができると同時に、作文を書くためのきっかけづくりにもなります。

マンガを読んでいても、絵のおもしろさから何となく笑っているだけの子どももがいます。しかしそのような子どもでも、パズルを並べ、ストーリーをはっきりと意識するクセをつけることで、マンガのオチを楽しめるようになります。これが作文を楽しく書くための第一歩であり、動機づけになるのです。

「コボちゃん作文」は、一般的に、ある程度語彙《ごい》の増える小学校三年生くらいからおこなうのが望ましいでしょう。しかし、低学年でもパズルを並べられ、作文を書きたいという子どもには書かせてもかまいません。その場合は、まず大人が作文を書いてそれを虫食いにし、子どもにその穴を埋めさせます。

反対に、パズルを並べるのがむずかしい場合は、無理して続けず、ほかの絵本で読み聞かせなどをおこないながらたくさんの本にふれさせ、お話の流れを理解する力をつけさせましょう。

レッスン

2

マンガを見ていない人にもわかるように書こう

マンガを読んでいるのはあなただけだとします。ほかの人に、そのマンガの内容を伝えるにはどのように書いたらよいでしょうか？

問題

マンガを見ていない人にもその内容が伝わるように、できるところまでひとりで書いてみましょう。

©植田まさし／蒼鷹社

Hints ヒント

① レッスン1で整理したことをもう一度思い出してみよう。

② このマンガを読んでいるあなたは、コボちゃんでもお父さんでもなく、「このマンガを読んでいる読者＝第三者」だ。マンガを見ていない人にきちんと内容を伝えるためには、自分の立場をはっきりさせることが大切。

③ お父さんやコボちゃんの気持ちを書くのではなく、何が起きていて、どうなったのか、吹き出しのことばはあまり気にせず、絵からとらえられる事実・状況を、順を追って書いていこう。

◆解答欄

(25字×12行)

◆解答例

小学校5年生・男子

うーんこれから木のいすを作ろうかな？　まずは、木をちょうどいい高さに木をちょうようせつをしようしまった。木を切りすぎちゃった。どうしようつぎはぜったいに失則しないぞ。やっべーまたさっきと同じぐらいに切っちゃったどうしよう。まあいいやつぎに作るのは、いすじゃなくてつみきにしようそのほうがてきとうに切れるし色々面白いかたちに切れるからつみきにしよう。やっぱりいすを作るのはやめてつみきにしたんだ。

敗

●書き直し後

お父さんがいすを作ろうとして木を切っていた。しかし、切りすぎたり、まちがえたりした。だから、こまかくなりすぎて、つみきができた。

材　細　とうとう　てしまっ　積み木

自分の立場をはっきりさせよう

通常4コママンガにはオチがありますが、マンガを見ずにこの作文を読むと、オチのない普通のお話のように感じます。

この作文の後半は、お父さんが積み木をつくろうとしたかのように書かれていますが、実際は、積み木は「つくった」わけではなく、結果的に「できてしまった」のです。そこがオチなのですが、お父さんの立場に立って、お父さんの気持ちを考え、作文を書いてしまったため、お父さんがいいわけするお話に変わってしまい、オチがオチでなくなってしまったのです。

必要なのは、あくまでもマンガの内容を説明する文章です。書き手はマンガの読者として全体を見渡し、マンガのなかでだれが何をしているのか、何が起きているのかを正確に文章にします。だれが何をしているのかは、作文のはじめにはっきりと説明します。このお話の場合には、「お父さん」が「イスをつくろうとして木を切っている」ことを書く必要があります。

第三者の立場に立てば、楽にオチが書ける

書き直し後の作文では、まず、「お父さんが」と書き出しています。指導前はお父さんの立場に立ってしまっていたため、「お父さん」ということばは出てきませんでした。しかし、書き直し後は第三者の立場に立てたため、「お父さんが何をしているか」という状況説明から文章を書き起こせたのです。

後につづく文章も、同じようにマンガから読みとった事実を書いています。2コマ目と3コマ目はほとんど同じ内容なので、2コマをまとめて一文で説明し、より読みやすくしています。

こうして事実を明確に、たったの3行で書くことができました。マンガを読んでいない人にも内容が伝わる、わかりやすい作文になりました。

ここがポイント……指導する方がたへ

子どもの状態を把握しよう

「コボちゃん作文」は作文指導の導入段階です。それぞれの子どもがどの程度マンガの内容を理解できるのか、どのくらい書けるのか、まずはそれを把握する必要があります。学年にもよりますが、中学年以上でしたら、ほとんどの子どもはパズルでつまずくことはないと思いますので、はじめは口出しせず、ひとりで書かせ、ようすを見ます。マンガの内容がわからなければ、書きようがありませんから、その場合にはひとつずつ内容を説明しなければなりません。それでも書き出せないようなら口述筆記をおこないます。

書いた作文はかならず読み返そう

書き終えたら、かならず自分で読み返させます。その際、自分が書いたものと思わず、他人が書いたものを直すつもりで読んでいくように教えるとよいでしょう。注意すべき大きなポイントは、マンガを読んでいない人にも、正確にその内容が伝わる文章になっているかどうかです。もしそうなっていなければ、書き直させます。ただし、どこがちがうのかひとつひとつあまりに綿密に正していくと、書くことに不慣れな子どもは混乱してしまいます。はじめのうちはお話の内容を口頭で確認し、書き直しは口述筆記でおこなうとよいでしょう。

第三者の立場に立って書き直そう（口述筆記）

書き出せない場合、あるいは書き直しをさせる場合には、はじめに「だれが、何をしているの?」と問いかけます。それにより、書き手の立場が明確になり、物語や感想を書くのとはちがうのだということが、子どもにも伝わります。「お父さんが木を切っている」そこまではどの子どもも答えられるでしょうから、「なぜ?」と問いかけます。「イスをつくるため」という答えが返ってきたら、それをつなげて「お父さんがイスをつくるために木を切っていた」と書かせます。自分がどのような立場から、何を書けばよいのかわかった子どもは、2文目以降、口述筆記をせずとも、どんどん書いていくでしょう。

アドバイス

書くことは伝えること

「書く」ということを、多くの子どもは「目的」だと思っています。学校でも塾でも「書きなさい」といわれる場面は非常に多いわけですから、それも仕方のないことです。けれども、実際には「書く」ことは「伝える」ためのひとつの「手段」であり、「道具」です。それを駆使して多くの人に伝え、語りかけることができるのだということをしっかりと教えていきましょう。「コボちゃん作文」はそのための導入です。

伝わる文章を書くためには、いつ・どこで・だれが・何をして・どうなったのかを理解する必要があります。4コマという短いマンガに凝縮された事実は、子どもでも比較的読み取りやすいでしょう。

ただし、その情報を受け取ったのは登場人物ではなく、あくまでも読者、つまり第三者である自分なのです。そしてその立場から客観的に書いていくことが、ほんとうの意味での「書く」ことであると、導入段階で気づかせることが大切です。

レッスン 3

「　」を使わずに書こう

会話をただ書き写しても、マンガの内容はうまく人には伝わりません。その人が何を話しているのかではなくて、何をしているのかを意識して説明しましょう。

問題

つぎのマンガの内容を、できるだけ「　」（カギカッコ）を使わずに書いてみましょう。

©植田まさし／蒼鷹社

Hints ヒント

① 吹き出しの多さが特徴だ。そこにお話のポイントが隠されている可能性が高いともいえる。絵だけでなく、吹き出しのなかのことばにも注意しつつ、なぜそのようなことばが出てきたのかについてもマンガから読み取って書こう。

② 主人公の男の子の名前は何だろう。３コマ目のお母さんのセリフと、主人公の男の子の名前がつながれば、すぐにオチまでたどりつけるはずだ。

③ ４コマ目のお母さんと男の子の表情、セリフにも注意しよう。

④ オチは吹き出しのことばにある。それを際立たせるためにも、そのほかの部分の説明は、できるだけ「　」（カギカッコ）を使わずに書いてみよう。

◆解答欄

（25字×12行）

◆**解答例** 小学校3年生・男子

コボちゃん

エートゴボウゴボウしまった。キンピラゴボウ作ろうと思ったのにゴボウがなかったわ。買いにやらせたら、ゴボウちゃんちょっとーボクのことよんだの？エエ・・・

●**書き直し後**

コボちゃんとゴボウちゃん

おかあさんがキンピラゴボウを作ゃくるためにゴボウをさがしていた。しかし、なかった。だから、コボちゃんに買いにいかせようとした。そこでこぼちんをよぼうとしたら、ゴボウちゃんとよんでしまった。それをきいたコボちゃんは、おこゃた。

母

ゃ

コボ

が、ゴボウのことが頭にあったのでまちがって

聞

り、お母さんはこまってしまった

状況の説明がなされていない

吹き出しのことば、つまり話しことばだけを羅列した作文です。状況説明がなされていないため、オチがどこなのか、そもそもどのようなお話なのかも読み取りにくくなっています。これではあまりにも読み手に対して不親切です。だれが何をしているのか、その状況説明を飛ばして、話しことばで書きはじめたため、場面がまったく見えてこないのです。

1コマ目は「エートゴボウゴボウ」と書かれていますが、お母さんが台所でゴボウをさがしているのですから、「お母さんが台所でゴボウをさがしていた」と説明すれば、だれにでもわかる文章になります。2コマ目のおばあちゃんのセリフも同様、「コボちゃんに買いにいってもらおうとした」または、「コボちゃんにおつかいを頼もうとした」と書けば、コボちゃんを誤って「ゴボウちゃん」と呼んでしまったというオチにすんなり気づくことができるはずです。

書きことばでしっかりと状況を説明しよう

お母さんはゴボウを探していたため、コボちゃんを誤って「ゴボウちゃん」と呼んでしまいました。そのような「まちがい」を引き起こした原因は、主人公のコボちゃんの名前とゴボウの音が似ていたからです。これがオチです。

はじめの作文は、すべて話しことばで書かれていたため、状況が見えず、結果、オチもわかりにくくなっていました。それに対し、書き直し後の作文ではカギカッコを使わず、状況が書きことばでしっかりと説明されたため、各コマのできごとが明確になり、うまくオチまでたどりつくことができています。

このように、音を表すことばがオチになる場合は、「ゴボウちゃん」のように限定的にカギカッコを使ってもよいでしょう。

ここがポイント……指導する方がたへ

読む人のことを考えよう

作文を書いている本人は、マンガを見ながら書いているわけですから、吹き出しのなかのことばを多用し、状況が不透明な作文に仕上がったとしても、マンガを見ることで補えます。ところが、その作文を読む人は、必ずしも書き手と同じだけの情報を得られるとは限りません。作文の書き手が読み手の目の前にいない場合もあるからです。文章のみで読み手と状況を共有するのだという意識を持たせることが大切です。

話しことばではなく、書きことばを使おう

マンガを文字で表すより、吹き出しのなかのことば、つまり話しことばをそのまま使って書くほうが、子どもたちにとってははるかに楽ですし、書き写すだけなのでまちがいもないと思うのでしょう。多くの子どもが、はじめは話しことばを多用して作文を書きます。

しかし、話しことばに頼りすぎてしまうと、マンガが表している事実（状況）の説明ができません。話しことばだけを並べてみても、そこからは場の状況は浮かび上がってこないのです。

それではコボちゃんのマンガを説明した作文としては不十分です。なるべく話しことばに頼らず、マンガに描かれたイラストを読みとき、状況をきちんと説明する必要があります。そして、このことがじつは「書きことばで書く」ということなのです。「書きことばで書く」ことは書くことの第一段階です。

書きづらい場合には題材を変えることも必要

吹き出しのなかのことばにとらわれて、書きことばで書くことがむずかしい場合、「いつ・どこで・だれが・何をした」と語りかけてみましょう。それでも書くのがむずかしい場合には、思い切って題材を変えます。なかには絵のみで吹き出しがまったくないコボちゃん作品もありますので、慣れるまでは、そのようなマンガを選ぶとよいかもしれません。書きやすいお話を選んで自信をつけさせるということもまた大切です。

アドバイス

話しことばから書きことばへ

説明する文章を書く際にも、吹き出しのなかのことば（＝話しことば）に依存してしまうのは、子どもの場合、けっしてめずらしいことではありません。

子どもはまず、ことばを耳で聞いて覚えます。それはお母さんのことば、つまり話しことばであるわけですが、濃密なコミュニケーションができる親子間や親しい間柄でこそ、成立することばだともいえます。舌足らずな説明でも、身振り手振りによってそれを補うことができるからです。そして、作文を書くときにも同じだと子どもは思うでしょう。

また子ども時代は、状況を共有できる相手が伝えたい相手とイコールであることがほとんどです。けれども、成長するにつれ、多くの人びと、あるいはまったくの他人にも発信する必要が出てきます。その際に使うのが書きことばです。

『コボちゃん』という仮想現実を使って、書きことばの使い方を訓練していくことで、話しことばから書きことばへ、楽しみながら、移行していくことができます。

レッスン
4

できるだけ「言った」「思った」を使わずに書こう

どのようなことばを使うかによって、読者への伝わり方は大きく変わります。状況や心境を正確に伝えるためには、それらをもっともよく表すことばを選ぶ必要があります。

問題

つぎのマンガに登場する人物たちのセリフは、じつはかみ合っていません。なぜそのようなことが起こるかがわかるように、２００字以内で作文を書きましょう。

Hints ヒント

① ３人の発言や行動、いる場所などを頭のなかで整理してから書きはじめよう。そうでないと、２００字にはおさまらなくなる。

② ３人の登場人物はみな重要な発言をしている。そのセリフを「　」（カギカッコ）を使わずにいいかえてみよう。ただし、「ハチ」ということばには「　」をつけてもよい。

③ 「　」を取るためには、状況に合わせてことばを使いわけるとよいだろう。

◆解答欄

(25字×12行)

◆解答例 小学校4年生・女子

答えではなく、虫

コボちゃんとコボちゃんのお母さんは、算数の勉強をする事にしました。そしてお母さんが、

「五と三たすといくつ」という問題をだしました。そして、その勉強をしているのを、おじいちゃんが聞いていました。そしてコボちゃんは、

「ハチ」と言いました。おじいちゃんは、

「ウムさすがワシのマゴわかりがはやい」と言いましたが、じつは虫のハチが来たので「ハチ」と言っていただけなのでした。

「言った」の連続になっているため意図が正確に伝わっていません。

●書き直し後

答えではなく、虫のハチ

コボちゃんがお母さんとたし算の勉強をしていた。そこでお母さんが五たす三という問題をだした。コボちゃんはしばらく考えてから、「ハチ」と答えた。それをとなりの部屋で聞いていたおじいちゃんは、わかりが早いとよろこんでいた。でも、コボちゃんは虫のハチがとんで来たから、「ハチ」と言っただけだった。

は

おじいちゃんが勘ちがいした理由がしっかり書かれています。

動詞が使いわけられたため、よりはっきりとした説明になりました。

「〜と言った」を使いすぎない

全体的にとてもよく書けています。話の流れはしっかりとつかめていますし、タイトルもオチにそってつけられていて、物語としても成立しています。

ただし、「言った」ということばが後半に3つ続いているため、オチの部分がやや弱く感じられます。コボちゃんは、部屋に飛び込んできた虫のハチを見て、「ハチ」とただ「いった」だけなのに、隣の部屋にいたおじいちゃんはそれを聞いて、足し算の答えをコボちゃんが「答えた」のだと勘ちがいしています。それはおじいちゃんが虫のハチを見ていないためです。見ていれば、このお話は成り立たなくなってしまいます。この重要なポイントが抜けているため、少々ぼやけた印象を与える作文になっています。

状況に合った動詞を使い、より正確に説明する

書き直し後の作文では、後半に3つ続いていた「言った」のうち、2つが別のことばに置きかえられました。

『8とハチ』のちがいがこのお話のオチですが、それは「答える」と「言う」という2つのことばが持つ意味のちがいともいえます。

また、「おじいちゃんは『ウムさすがワシのマゴわかりがはやい』と言いました」という文章も同様です。たしかにおじいちゃんはそういっています。しかし、たとえば「おじいちゃんは自分の孫がよくできることを喜んだ」「おじいちゃんはわかりの早いコボちゃんをほめた」「おじいちゃんが自分の孫のわかりが早いことを知り、得意になった」など、おじいちゃんの気持ちをはっきりと表す動詞を使っていいかえれば、読み手は登場人物の表情を想像することができ、より説得力や臨場感のある文章になるのです。

ここがポイント……指導する方がたへ

「言った」「思った」をくり返さない

マンガの内容をそのまま書こうとすれば、たしかに登場人物はそのように話していますので、文末は「言った」となります。しかし、それではすべての文末が「言った」になってしまいます。

同じことばのくり返しは読みづらさにつながります。それを子どもに伝え、「言った」をほかのことばでいいかえることができないかを考えさせましょう。「思った」をくり返してしまう場合も同じです。

場面場面で適切な動詞を使う

「言った」「思った」を別の動詞に置きかえるときは、登場人物の表情やセリフに注目させます。「言った」「思った」のなかにどんな気持ちや意図が含まれているか、それを考えさせながら、適切な動詞をさがさせます。

「コボちゃんがハチと言った（答えた）のを聞いたとき、おじいちゃんはどんな気持ちになったと思う？」と問いかければ、子どもの口からは、「喜んだ」ということばが自然と出てくるはずです。

語彙《ごい》が少なく、適切な動詞が浮かばない子どもには、どんどん教えてしまってかまいません。もし、「〇〇買って～」といっている場面であれば、「おねだりした」や「だだをこねた」という動詞が使えるでしょう。必ずしも答えはひとつではないのですから、いくつもの動詞を列挙し、そのなかから子どもに選ばせてもいいと思います。自分で選ばせるということがポイントです。まだひとりではことばが出てこなくても、書かされたのではなく、自分で書いたのだと思わせることで、前向きに取り組めるようになるからです。

場面場面で動きや気持ちを表すさまざまなことばを教えていくことにより、子どものことばの引き出しはどんどん増えていき、どの場面でどのようなことばを使えばよいのか、少しずつわかっていくはずです。そして、すぐには無理でも、そのうち、自分で適切なことばをつむぎ出すことのおもしろさも知っていくことと思います。

アドバイス

ことばの使いわけは「書きことば」の基本

「言う」「思う」のなかには、いろいろな状況や気持ちが含まれています。たとえば、「注意する」「怒る」「ほめる」などです。ところが、マンガを読んでいない人には、登場人物の表情はわからないので、「言った」「思った」とだけ書いたのでは、感情の動きは非常に伝わりづらいのです。セリフや表情をしっかりと読み取り、適切な動詞を使うことが、書くときにはとても大切であり、それが書きことばで書くということなのです。

私たちは日ごろ、相手の話、表情や仕草から、そこで起きた事実や相手の感情を読み取っています。それを書きことばで表すことにより、内容がすっきりと整理され、事実がより明確に浮かび上がります。動詞の使い方、書きことばに注意していくだけで、ぐんと読みやすい文章に変わるのだということを、子どもたちに知らせることが必要です。また、あることば以上に、状況や気持ちをより正確に表現できることばがほかにあると気づけば、子どもは自分を表現するためにも、自然にいろいろなことばを身につけようとするでしょう。

チャレンジ 1

やってみよう「コボちゃんパズル」と「コボちゃん作文」

問題

つぎのパズルを正しい順序に並べかえ、内容を説明する作文を200字以内で書いてみましょう。書き終えたら、このお話に合うタイトルをつけてみましょう。

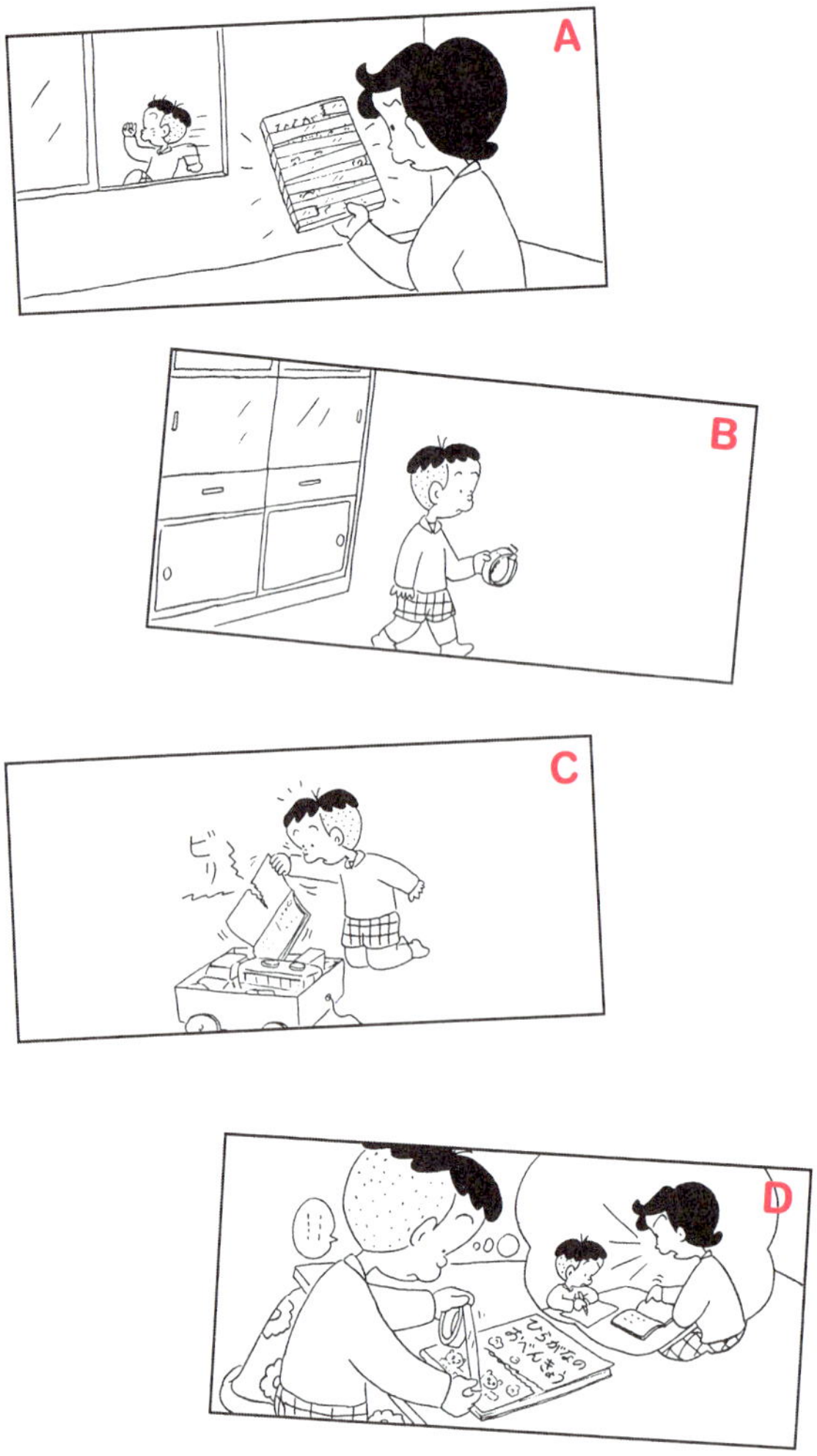

©植田まさし／蒼鷹社

Hints ヒント

① マンガを見ていない人にもお話の内容が伝わるように、できるだけひとりで書いてみよう。

② お話に合うタイトルをつけてみよう。

③ 読みづらくないか、まちがっているところはないか、見直そう。

④ マンガを見ていない人に読んでもらおう。

⑤ マンガを見ていない人にお話が伝わらなかったら、もう一度作文を読み返してみよう。どこが読みづらいのかわからなければ、読んだ人にアドバイスをもらおう。

⑥ 作文例を見て、自分の作文と比較しよう。

⑦ 最後にもう一度書いてみよう。

◆解答欄

（25字×6行）

◆パズルの正解と解答例

C
↓
B
↓
D
↓
A

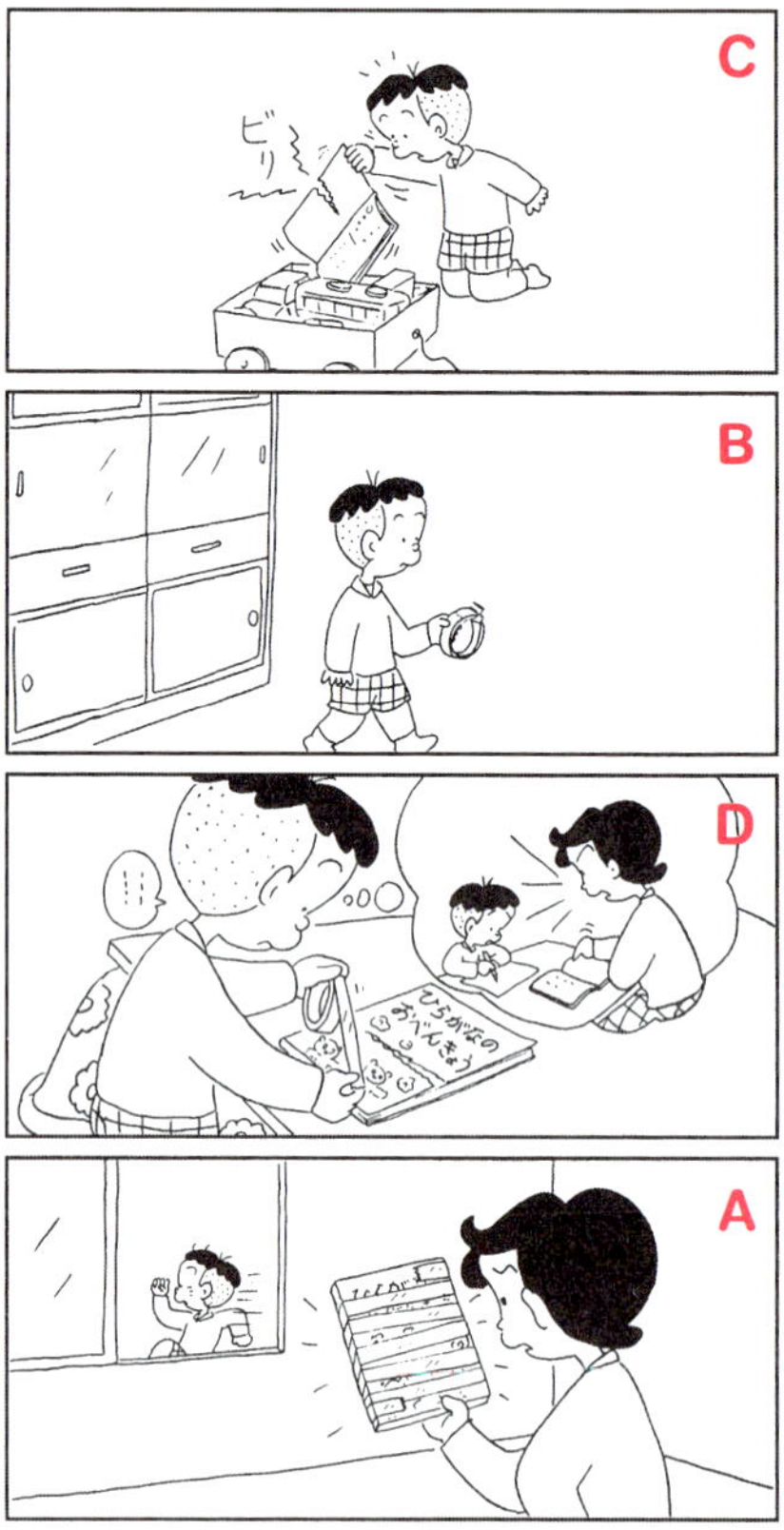

勉強嫌いのコボちゃん

コボちゃんがひらがなのお勉強の本をやぶってしまった。そこで、セロハンテープで直そうとした。ところがいつもお母さんにおこられながら勉強していることを思い出したので、本をひらけないように、セロハンテープでぐるぐるまきにしてしまった。

ぐるぐる巻きのわけは

たとえばこの本が子どもたちの大好きなマンガ、『コボちゃん』だったなら、ぐるぐる巻きにされることはなかったでしょう。

まず、この本が勉強の本だったことが1つ目の伏線であるといえます。そして2つ目のポイントは、コボちゃんの頭のなかの絵に描かれています。その本をひらくときはお母さんに怒られるときであるということです。お母さんに怒られるからあまり勉強したくない、それならば本をひらけないようにしてしまおうという、子どもなりのかわいらしい反抗心がこのお話には潜んでいたのです。

それをしっかりとことばに表すことができるかどうかが、ハナマルをあげられるかどうかの分かれ目です。文章中だけでなく、タイトルにもそれが反映されればとてもよいでしょう。

このお話は吹き出しのことばがなく、比較的わかりやすいお話ですので、小学校中学年、あるいは低学年から十分取り組めるでしょう。中学年以上の場合は、できれば100字以内におさめられるとよいですね。

発展問題 1

つぎの8コマを並べかえて2つのお話をつくり、それぞれについて、マンガを読んでいない人にもその内容がわかるように作文を書きましょう。

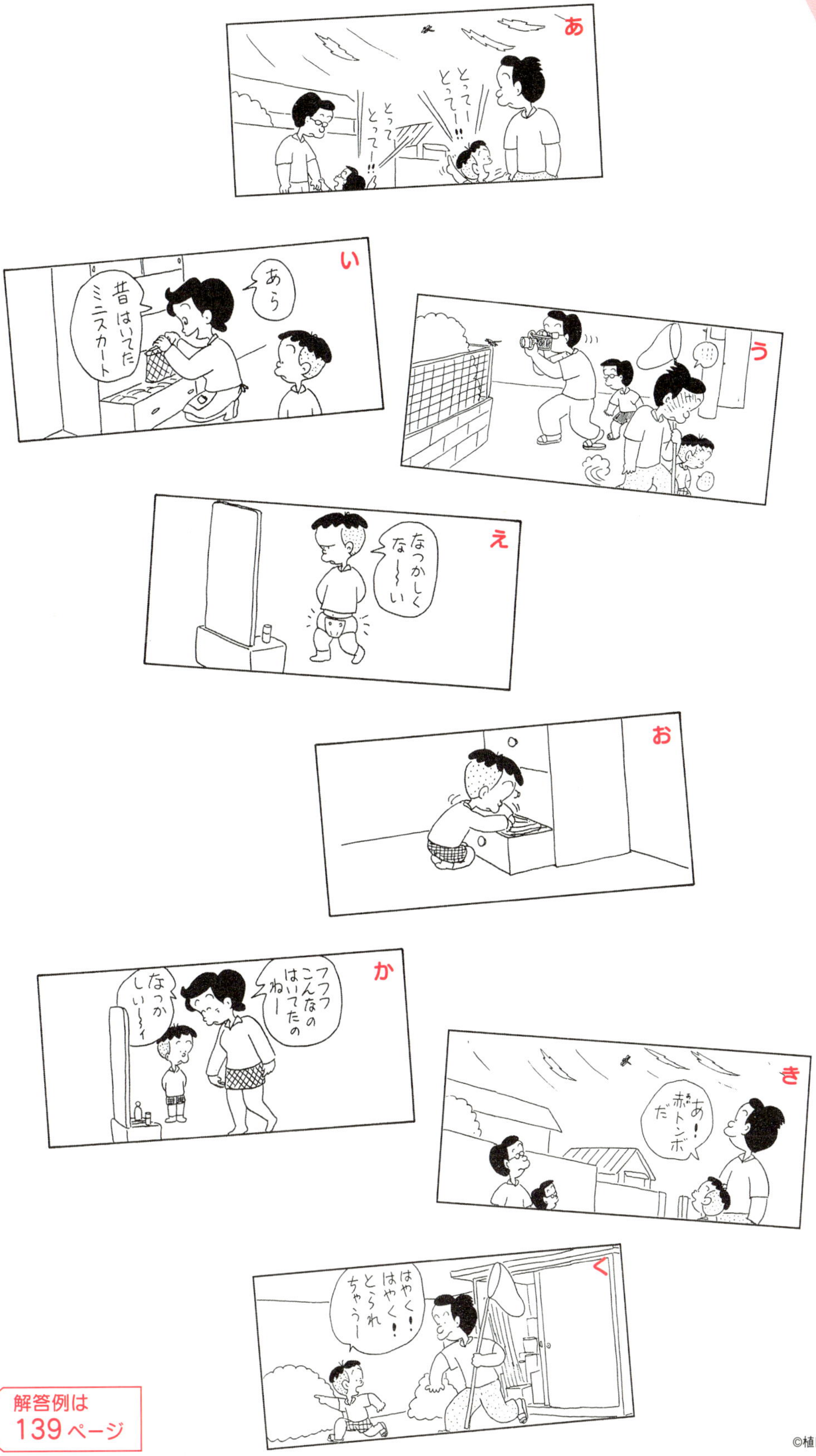

解答例は139ページ

コラム **1**

携帯メールのことばは？

ことばは時々刻々変化しています。つぎつぎに新しいことばが生まれる一方で、忘れ去られることばもあります。とくに話しことばの場合はそれが顕著に現れます。

話しことばはだれかと話すためのことばですから、それがたとえまちがった用法であっても、自分の身の回りの大多数に伝われば、成立するといえるでしょう。ですから、時代とともに変わってゆくのです。

けれども、見知らぬ相手に対し、地域や世代、時代によって変わっていく話しことばで、正しくものごとを伝えようとするのには限界があります。

携帯メールでのやりとりは、そのことを象徴的に表しているように思えます。メールを打つ際、多くの人が話しことばを使います。それは伝えたい相手が決まっており、その人のことを知っているからこそです。

文章のなかに「^^」や「♥」など、顔文字や絵文字を入れている人もよく見かけます。もちろん見た目のおもしろさもあるでしょう。しかし、それだけではないはずです。それは状況を共有していない相手に対し、話しことばだけでは、自分の気持ちやようすを伝えづらいと多くの人が無意識に感じているからではないでしょうか。何かを書いたとき、それを読む相手は、必ずしも自分のことを知っているとは限りません。また、自分も相手のことを知っているとは限りません。それがビジネスの場ならなおのことそうです。親しい間柄でも伝えづらいものを、多くの人に発信していくのはむずかしいことです。

けれども、「^^」を「楽しかった」・「嬉しかった」という書きことばに置きかえるだけで、だれにでも伝わる文章になるのです。

作文もまったく同じことです。書いたものを自分の引き出しにしまって終わり、ということはまずないでしょう。必ずだれかが読むのです。そして、それがどんな人かはわからないのです。国語専科教室では、まずそのことを子どもたちに教えていきます。自分の書いた作文の向こうには、必ずだれかがいるのだということを。そして、そのだれかが、どの地域、どの世代の人であっても、内容を正確に伝えるために、書きことばが必要になるということを。

空間や時間を越えて、人と人が結びついていくためには、正しい書きことばで書いていくということが、とても大切なのです。

第2章

主題を意識して書く

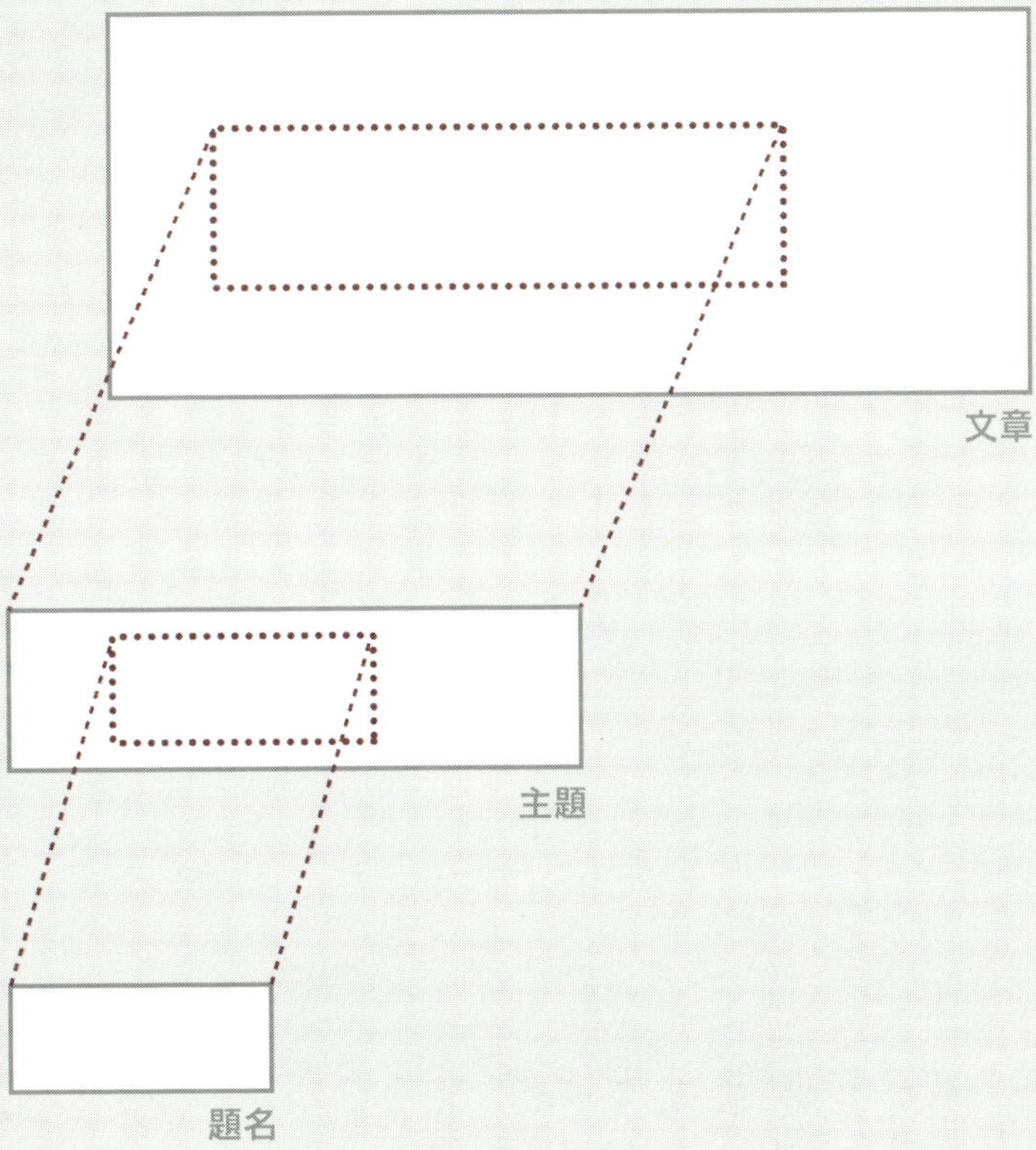

『ロダンのココロ』を使って、

ただ絵を描写するだけでなく、

そこでのできごとの意味を読みとき、

主題に注目して、簡潔に書く練習をしよう。

ねらい	主題を抽出する	教材	『ロダンのココロ』

レッスン

5

考え方のちがう相手の立場を理解して書こう

絵をそのままなぞるように書いても、内容が必ずしも読み手にうまく伝わるとは限りません。絵の意味を読みとき、わかりやすく説明することが大切です。

問題

マンガを読んでいない人にもその内容が伝わるように文章で説明してください。

9月13日ごろ

＝ロダンは、人間の何気ない日常を別な考え方でとらえてしまう犬です。

Hints ヒント

① 「人間」は、その人がだれかを「目」で見て判断するが、犬は「ニオイ」で判断する。まず、この人間と犬のちがいをしっかり読みとろう。

② 「ニオイ」は絵で表すことはできない。そこで、作者はどんな工夫をしたのだろうか。

③ このマンガでは「直線のわく」と「曲線のわく」が使われている。「直線のわく」は実際に起こったことだ。「曲線のわく」は、ロダンの頭のなかでのできごとだ。

④ ロダンの頭のなかのできごとは、実際には何を意味しているのだろうか。これらのことを「カタチ」「畑」などといったことばを使わずに説明してみよう。

◆解答欄

(25字×12行)

◆解答例　小学校4年生・女子

ある日、山形のおじさんがロダンの家に訪ねてきた。ロダンはその人のにおいをかいで、どんなカタチのにおいか確かめた。そして、頭の中で同じにおいのカタチを探し見つけ出した。においのカタチが一致したので、ロダンは安心して山形のおじさんに飛びついた。

1コマ目のおじさんのお土産袋をよく見てみよう。「やまがた」と書かれていますね。山形から来たおじさんなのです。

実際にはニオイにカタチはありませんね。これでは何のことかわかりません。

●書き直し後

ある日、山形のおじさんがロダンの家に訪ねてきた。ロダンはすぐにはだれだか分からなかったので、ニオイをかいで、前に会ったことのある人かどうか確かめた。そして、山形のおじさんであることが分かり、ロダンは安心して飛びついた。

3~7コマ目のロダンの頭のなかでおこなわれていることを、絵にとらわれずわかりやすく簡潔に表現できました。

マンガで表された「ニオイ」を文章にする

これは「ニオイ」に関するマンガです。私たちがマンガ家だったら、「ニオイ」をどのように表現しようとするでしょうか。マンガは紙に描かれますから、「ニオイ」も紙の上に見えるように表現するしかありません。そこで、作者は「ニオイ」をいろいろなカタチで表しました。つまり、「ニオイ」という情報をカタチという目に見える情報に置きかえたのです。

はじめの作文では「どんなカタチのにおいか確かめた」と書かれています。マンガのなかで、ロダンはたしかにいろいろな「ニオイ」のカタチのなかからおじさんの「ニオイ」のカタチを探し出します。

しかしそれをそのまま書いてしまうと、マンガを読んでいない人には、その意味がよく伝わらない文章になってしまいます。「ニオイ」のカタチとは、あくまでもこのマンガ内でのみ通用する表現だからです。

では「どんなカタチのにおいか確かめた」というのは、実際には何を意味しているのでしょうか。「ロダン作文」は、描かれたことがらをそのままことばにするのではなく、そのほんとうの意味を読みとき、ことばで表すことが求められます。

マンガが表す内容を文章に変換する

書き直し後の作文では、マンガの通り書くとすれば「ロダンが畑のなかで同じカタチの『ニオイ』をさがしまわり、ついに見つけた」（3~7コマ目）となるところを、「ニオイをかいで、前に会ったことのある人かどうか確かめた。そして、山形のおじさんであることが分かり……」と書き直してくれました。これで、ロダンの頭のなかでおこなわれている複雑な作業を、簡潔にわかりやすく文章で表すことができたのです。

ここがポイント……………指導する方がたへ

ロダンと私たちはものごとのとらえ方がちがう

「ロダン作文」をはじめる子どもに、なによりもまず注意させたいことは、ロダンは「犬」であり、私たち人間とはものごとのとらえ方や考え方がちがうということです。

このマンガは、家を訪ねてきた人が「山形のおじさん」であることをロダンがどのように思い出しているかがテーマです。人間であればその顔を「目＝視覚」で認識しますが、犬は「鼻＝嗅覚」で認識します。まず、この認識方法のちがいに注目させましょう。

「ニオイのカタチ」の意味を考えよう

「丸顔でメガネ」「白髪でヒゲ」などのように、私たちは人の顔の特徴を表します。もちろん、それはカタチのある情報です。しかし「ニオイ」は、「甘いニオイ」「ツンとするニオイ」などとことばでは表現できますが、それをそのままカタチにすることはできません。「角張ったカタチ」「丸いカタチ」「山のようなカタチ」など、いろいろな「ニオイ」をいろいろな「ニオイのカタチ」で表現してはじめてマンガにすることができるのです。

ロダンは山形のおじさんの「ニオイ」のカタチを、「ニオイ」の畑に探しにいきますが、それは、その人がだれなのかを必死で思い出そうとしている、あるいは検索しているということです。このように、テーマがはっきりとわかれば、それを適切なことばに置きかえて作文を書くことができます。

マンガを見ないで書こう

マンガの内容がわかったら、マンガを見ないで作文を書かせてみましょう。そうすると子どもは、絵にひきずられずに、自然と頭のなかにある自分のことばで表現するようになるので、わかりやすい作文が書けます。マンガの内容を忘れてしまったら、マンガを見直させます。思い出したら、再びマンガをとじて書かせましょう。

アドバイス

絵の「描写」ではなく、事態の「説明」を書こう

第1章の「コボちゃん作文」では、絵をそのままに「描写」してもそれなりの作文を書くことが可能でした。しかし、「ロダンのココロ」は8コママンガです。ただ「描写」したのでは、だらだらしたテーマのない作文になってしまいます。とくにこのマンガでは、絵をそのまま「描写」したのでは、まったく意味のわからない文章になってしまいます。

わかりやすく簡潔な「ロダン作文」を書くためには、テーマが何かをしっかりつかみ、起きている事態をまとめて「説明」したり、テーマに関係のないコマを「省略」したり、逆に、絵になくても必要なことはつけ加えて「説明」したりしなければなりません。

つまり「ロダン作文」とは、1コマ1コマを「描写」するのではなく、8コマ全体を見渡してテーマをとらえ、何が起きているかを「説明」していく作文なのです。そして、説明することばをつむぎ出す過程で、「考える力」を鍛えることができるのです。

レッスン 6

考え方のちがいを書きわけよう

同じことをしていても、A君は○○と考え、B君は●●と考えることがあります。その考え方のちがいをきちんと書きわけると、人に伝わりやすい文章になります。

問題

つぎのマンガを読んでその内容を説明する文章を書きましょう。

Hints ヒント

①　すぐに書きはじめないで、マンガをじっくり読み、何が起きているかをよく考えてから書こう。

②　3コマ目のロダンの「ふんばりっ」は、どうして生じたのだろうか。オクさんとロダンは、それぞれ何をしようとしているのか考えよう。

③　4コマ目でオクさんがロダンを置いていってしまうが、何のためにどこへいったのだろうか。

④　8コマ目のロダンの「ふんばりっ」は、どうして生じたのだろうか。とくに、オクさんはこの後どこにいこうとしているか考えよう。

⑤　二度の「ふんばりっ」の意味がわかったら、両者の考えのちがいを作文の冒頭部分で明確に書きわけよう。

◆解答欄

(25字×12行)

◆解答例

小学校4年生・女子

ある日ロダンがオクさんといっしょに散歩にいっていると、オクさんがさいふを忘れていることに気がついて、家にもどろうと思ってロダンの首輪を引っぱった。すると、ロダンはもう家に帰ってしまうのかと思ってその場にすわった。それを見たオクさんは、ロダンにそこで待っていなさいといって家に走って帰った。一人になったロダンは、オクさんを困らせてしまったのかと思っていて、オクさんが帰ってきたのを見てとてもびっくりした。そしてオクさんがつなを引っぱってまた歩こうとしたら、ロダンがオクさんをおこらせたから、もう散歩にはいきたくないとふんばっていた。

オクさんも散歩のために出かけたように書いてあります。

ロダンの座りこみの意図はわかる。でも、オクさんの意図がどこにも書かれていません。

「買い物と散歩」

ある日、オクさんはロダンをつれて買い物に出かけた。ロダンは散歩にいったつもりだった。ところが途中でオクさんがさいふを忘れていることに気がついて家に帰ろうとしたので、ロダンは散歩をやめるのかと思いふんばって動かなかった。仕方なくオクさんは、ロダンを置いてさいふを取りにもどった。ロダンは、オクさんをおこらせてしまったのかと心配した。オクさんがもどってきて再び買い物に向かおうとしたら、ロダンはオクさんをもっとおこらせたくないから散歩をしたくないと、ふんばった。

の

すると

ふたたび

オクさんとロダンの意図のちがいがはっきり述べられてます。

一度目のロダンの「ふんばりっ」の意図がはっきり書かれています。

二度目のロダンの「ふんばりっ」の意図がはっきり書かれています。

テーマをとらえ切れていない

オクさんはロダンを連れて出かけますが、じつは両者の目的はまったく異なっています。ロダンは「散歩」に出かけたと思っていますが、オクさんは「買い物」に出かけたのです。

ところが「買い物」ということばはマンガのどこにも書かれていないため、「オクさんは買い物のために出かけた」ということを、子どもはなかなか見抜くことができません。その結果、「オクさんとロダンは散歩にでかけた」と書いてしまうのです。

この作文は、絵をそのままなぞるように書かれていますが、オクさんの「引っぱり」とロダンの「ふんばりっ」が、なぜ二度もくり返されたのかがわからなくなっています。これではこのマンガのテーマは読み手には伝わりません。「テーマ」をとらえ切れていないからです。

オクさんとロダンのすれちがいが明確になった

書き直し後の作文では、オクさんは「買い物」に、ロダンは「散歩」のつもりで出かけたということ、つまり「両者の意図のちがい」が、冒頭の部分で明確に書かれています。これで、二度もくり返されたオクさんの「引っぱり」とロダンの「ふんばりっ」の原因が、はっきりわかるようになりました。

一度目の「ふんばりっ」では、オクさんは「買い物のためにさいふを取りに帰ろうとしている」のに、ロダンは「散歩を中止させられる」と思ってこばんでいます。二度目では、オクさんは「買い物にいこうとしている」のに、ロダンは「もう一度散歩にいこうとしている」と思いこみ、もうこれ以上オクさんをおこらせたくないと思ってふんばったのです。

このことがわかったので、両者のすれちがいに対応したわかりやすい「二項対立」の説明作文になりました。

ここがポイント……指導する方がたへ

「二項対立」でマンガのテーマに目を向けよう

このマンガを読んだ子どもは「ロダンは散歩に出かけた」と書きがちです。そんなときには「君の作文にはロダンは『散歩に出かけた』と書いてあるけれども、オクさんも同じ目的で出かけたの?」とか、「同じ目的で出かけたのなら、なぜ二度も道のまんなかで立ち往生してしまうのだろう?」と、問いかけてみましょう。すると子どもは、「オクさんは買い物に出かけた」ということにきっと気づくと思います。ここではじめて「買い物」ということばが出てくることによって、「オクさんは買い物に出かけたのだが、ロダンは散歩のつもりだった」という両者の目的のちがい(二項対立)が明確に見えてきます。大人の問いかけが、子どもたちの「気づき」を生むのです。

人間とロダンの意図のちがいを対応させるように書こう

これは二項対立の作文です。オクさんとロダンそれぞれの意図がふたつで一組になっています。したがって、このふたつを意識的に対応させるように書いていくことによってわかりやすい作文となるのです。オクさんとロダンの意図のちがいを整理すると、次のようになります。

(お出かけのとき)オクさん:買い物⟷ロダン:散歩
(一度目のふんばりっ)オクさん:サイフを取りに家に帰る⟷ロダン:散歩の中止
(二度目のふんばりっ)オクさん:買い物の再開⟷ロダン:散歩の再開

作文のタイトルを考えよう

作文の「タイトル」も考えさせます。たとえば、二項対立を反映させた「買い物と散歩」というタイトルが書く前に出てくれば、作文は完成したとみてもよいでしょう。この簡潔なタイトルが示すシャープな認識が、まちがいのない作文の完成を示しているからです。ですから、ロダン作文に慣れてきたら、最初にタイトルを書かせるようにしましょう。どれだけマンガを読み取れているかが事前にはっきりわかります。

アドバイス

「二項対立」というものの見方を身につけよう

「世のなか、白黒つけられないことだらけだ」とは、よくいわれることばです。たしかに単純な「二項対立」でこの世界を説明しきることはできないのでしょう。しかし、「二項対立」という認識の枠組みを小学生のうちにしっかりと教えることは、逆に必要です。「二項対立」は世のなかの事象をわかりやすくとらえるための基本的な認識方法だからです。

たとえば「平和」という題で作文を書く場合、その反対概念の「戦争」と対比してそのちがいを考えたときに、はじめて「平和」とは何かが見えてくる場合があります。「戦争」と「平和」の「二項対立」をきっかけに、「平和」というものを考えるということです。

「ロダン作文」は、このように「二項対立」でものごとを分析し、考えて書く訓練になります。このような考え方は、小学校4年生くらいからぜひ練習させましょう。

レッスン

7 一文でまとめよう

150字程度の「ロダン作文」に慣れてきたら、そのなかの重要な部分を一文でまとめる練習をしましょう。この作業は、重要な部分とそうでない部分を見わけ、それを簡潔に表現する練習になります。

問題

つぎのマンガを読んで150字程度で作文を書き、さらにそのなかから重要な部分を一文でまとめてみましょう。

10月31日ごろ

Hints ヒント

① まずはレッスン5、6のように、150字程度の「ロダン作文」を書いてみよう。

② 書き上げたら、ひとつの文章でまとめよう（一文まとめ）。一文でまとめるために、必要だと思うところを書き出してみよう。

③ ときには語順を入れ替えたり、表現を変えたりして、一文で書こう。

④ でき上がった一文を読み直し、それだけでマンガの内容が伝わるかどうか確認しよう。もし伝わらないと思ったときは、書き直そう。

◆解答欄

●作文

（25字×6行）

●一文まとめ

（25字×4行）

◆解答例 ✏　小学校3年生・男子

●150字程度で作文を書く（A）

ある日、ダンナとロダンが散歩をしていた。そのとき石が下駄にはさまった。ダンナが石を取ろうとしたとき、石が取れたと同時にロダンにひじてつをくらわせてしまった。ダンナはロダンにあやまった。ロダンはひじてつをくらったことを石のせいにしてその場をまるくおさめた。

はずみで

ダンナのことが好きなので、

一文まとめに必要な箇所

散歩中、ダンナが下駄にはさまった

●一文でまとめる（B＋C＝D）

あらすじ（B）	主題（C）
石を取ろうとしたときロダンはひじてつをくらったが、石のせいにしてその場をまるくおさめた。	ロダンはダンナのことが好きだったのだ。

＋　＝

完成形（D）

散歩中、ダンナが下駄にはさまった石を取ろうとしたとき、はずみでロダンにひじてつをくらわせたが、ロダンはダンナのことが好きなので、それを石のせいにしてその場をまるくおさめた。

150字程度で作文を書く（A）

よく書けています。しかし、ロダンはダンナから「ひじてつ」をくらったのに、なぜまるくおさめたのでしょうか。ロダンはダンナのことが好きで尊敬しているからです。それを書き加えれば、よりよい作文になります。

一文でまとめる（B＋C＝D）

つぎに150字作文を一文にまとめます。いきなり一文にまとめることがむずかしい場合は、まず「あらすじ」（B）と「主題」（C）にわけて考えてみましょう。そしてそれらを組み合わせれば、一文まとめができあがります。

Bは「あらすじの一文まとめ」です。「石を取ろうとしたとき」とありますが、だれが石を取ろうとしたのかが書かれていません。一文につないでいくときには、主語の書き忘れに注意します。また、「石を取ろうとしたとき」だけでは、どういう場面なのかがわかりません。一文まとめであっても、マンガの内容がわかる文章でなければなりません。

一方、主題を一文でまとめたのがCです。主題とは、筆者がいちばん伝えたいことです。物語の場合、あらすじは主題ではありません。マンガも物語のひとつです。主題を一文でまとめてみましょう。

なぜ、ロダンはひじてつをくらったことを石のせいにしたのでしょうか。ダンナのことが好きで尊敬しているからでしょう。このように、あらすじと主題の2通りにわけて考えたのちに、ふたつをうまく合わせることで、マンガを読んでいない人にも内容が伝わる、Dのようなほんとうの一文まとめになるのです。

ここがポイント……指導する方がたへ

マンガのあらすじをまとめよう

「ロダン作文」を150字程度で書いたら（A）、そこからあらすじに必要な部分を書き出し、それを一文につないでまとめさせましょう（B）。書き上げたら、自分で読み直させ、一文でもマンガのあらすじがしっかり伝わるかどうかを確認します。

あらすじをまとめるのに最低限必要な要素は「いつ・どこで・だれが・何を・どうした（いつ・どこでは省略される場合もあります）」です。もし足りないところがあると思ったら、もう一度読み直させ、自分で手直しをさせましょう。

マンガの主題をまとめよう

つづいて、マンガの主題を一文にまとめさせましょう（C）。主題はマンガの絵や文字には表されていない場合がほとんどです。しかし、ヒントがあります。最終コマの四角いわくのなかのことばににじみ出ている「ロダンのココロ」です。

このマンガでいえば、「ダンナここはこのイシがわるかことにしてまるくおさめましょうや」の部分です。主題は、そのことばの背景にある「ロダンのココロ」なのです。そのことばをいわしめた原動力といってもよいかもしれません。ロダンがどうしてそのように思ったのかを考えていけば、「ロダンのココロ」（＝主題）にせまることができます。

あらすじ（B）と主題（C）の両方があってはじめてほんとうの一文まとめ（D）になる

あらすじをまとめただけ（B）では、ロダンがなぜ石のせいにしたのかがわかりません。「ロダンはダンナのことが好き」という主題（C）をつけ加える意味はそこにあります。

慣れたら一文まとめを先に書いてから「ロダン作文」を書こう

一文まとめを書くことに慣れてきたら、最初に一文まとめを書き、そのあとで「ロダン作文」を書かせてみましょう。すると、ポイントがわかった上でロダン作文を書くことになりますから、よりいっそう簡潔なロダン作文が書けるようになります。

アドバイス

一文まとめは「要約力」を鍛える

一文まとめに慣れてきたら、一文まとめだけを1時間に10本ぐらいのペースで、連続的に書く練習をおこないます。短い時間でスピーディーに書くことで、まとめる力が着実についていきます。

国語専科教室では、「ロダン作文」の後には、マンガ作文を卒業して『小さな町の風景』という物語（短編集）の要約練習に入っていきます（第3章）。そのとき、「ロダン作文」でおこなった一文まとめの練習が役立つことになります。物語の要約とは、まさに情報の圧縮＝「あらすじ」と「主題」をまとめていく作業だからです。

伝えたいことを短いことばで表現する能力は、現代社会のあらゆる場面で求められています。的確な要約力は、その人が社会で生きる上での基本的な能力のひとつといっても過言ではありません。「ロダン作文」の「一文まとめ」は、要約力を身につけるために、小学生が楽しく取り組める適切なトレーニングです。

チャレンジ

2

書いてみよう「ロダン作文」と一文まとめ

問題

つぎのマンガをよく読んで、それを説明する作文と一文まとめを書いてみましょう。

3月28日ごろ

ヒント

① ロダンは2回ほえて教えたが、オクさんに最初はほめられ、後ではしかられている。そのことにロダンはとまどっているが、ロダンは何がわかっていないのか、考えよう。

② 8コママンガが、前後4コマずつの2つのお話にわかれている。2つのお話を比べてちがいがわかるように書いてみよう。

③ このマンガにも、レッスン6の「買い物と散歩」のような「二項対立」のタイトルをつけることができる。

④ ロダン作文を書き終えたら、そのなかの重要な部分を書き出して、それをつないで一文にまとめよう。書き終えたら、その文だけでマンガの内容が伝わるかどうか確認しよう。

◆解答欄

●作文

(25字×6行)

●一文まとめ

(25字×4行)

◆解答例

●作文

「落し物とポイ捨て」
　オクさんと散歩の途中、女の人がイヤリングを落とした。それを見たロダンはほえて教えた。オクさんは、ほえたことをほめた。再び歩き出すと、男の人がタバコのポイ捨てをした。ロダンは同じ落し物だと思い、男の人にもほえて教えた。するとオクさんはほえたことをしかった。ロダンはなぜ今度はしかられるのか理解できなかった。男の人は苦笑いを浮かべながらタバコを拾った。オクさんは男の人に謝ったが、ロダンはそれを見て男の人は喜んでいるのだと思い込み、得意げだった。

●一文まとめ

イヤリングの落し物とタバコのポイ捨てを同じ落し物だと思ったロダンは、ポイ捨ての男の人にもほえて教えて苦笑いさせたが、喜ばせたと勘違いして得意げだった。

イヤリングもタバコも落し物？

イヤリングの「落し物」も、タバコの「ポイ捨て」も、同じ「落し物」だとロダンは勘ちがいしてしまったことが、このマンガのポイントです。二項対立の「落し物とポイ捨て」というタイトルが出てくれば、それが読み取れているということになるでしょう。

「一文まとめ」では、まずあらすじをまとめます。あらすじでは、ロダンの勘ちがいだけに焦点をしぼります。

つぎに、主題をまとめます。そこでは、「ロダンのココロ」に注目します。「ロダンのココロ」は8コマ目の「フン」に表れています。男の人に恥をかかせているのに、よいことをしたと思って得意げなのです。ロダンの気持ちをサラッとまとめましょう。

最後にこのあらすじと主題を合わせれば、「一文まとめ」の完成です。

発展問題 2

つぎのマンガをよく見て、それを説明する作文と一文まとめを書きましょう。

1月9日ごろ

©内田かずひろ／朝日新聞社

解答例は
140ページ

プロでも迷う読点の打ち方

　教室に通う生徒の保護者から、うちの子どもは「、」（＝読点）の打ち方がおかしいので直して欲しい、といった相談をよく受けます。ここでは、読点について考えてみます。

　そもそも古来の日本語には句読点は存在せず、欧米の書物を翻訳する際に考え出されたとされています。現在では、句点（＝「。」）は明確な規則として日本語に定着していますが、読点にはいまだ欧米のコンマのように厳密な規則がありません。したがって、以下は望ましい読点の打ち方ということになります。

　まず、基本的なルールを確認します。詩でない限り、読点は文節間に打たれます。ルールは文節を分断しないことのみです。

　では、どのようなときに読点が打たれるべきでしょうか？　大きく3つあります。

　第一に、その文節を強調したい場合です。「ロダンは、歩いた」とある場合、読者は「だれが歩いたのか」が重要であると理解します。読点は主語を明確にするために打つのだと教えられているためか、「〜は」や「〜が」のあとに必ず読点を打つような指導がありますが、これは不適切です。主語がもっとも重要なのは自明であり、それをより強調したいときにだけ、読点を打つべきだからです。

　第二に、誤読を避ける場合です。たとえば「心底、愛している」のように漢字が連続する際には読点を打ちます。また、ひらがなが連続する場合も同様です。一般に「とても」「もっと」「ゆっくり」といった副詞の後に読点を打つよう指導する傾向がありますが、副詞はひらがなで記述されることが多いため、そのように指導されるのでしょう。

　以上の2点は書き手の判断にまかされていますが、3点目は文法に依拠します。つまり、主語・述語の関係を明らかにする場合です。たとえば「ぼくの投げたボールが、車に当たった」のように、大きく主語・述語の関係が成立する（＝ボールが〜当たった）文章の一部が、さらに小さな主語・述語の関係（ぼくの〜投げた）になっているとき（このような文章を複文といいます）には、全体の主語と述語のあいだに読点を打ちます。

　読点の打ち方は文章のプロでも迷うといいます。また学校でも教えてくれません。明確なルールがないのですから、教えないのが当たり前なのです。したがって、小学校低学年の子どもに読点についてうるさくいう必要はないでしょう。一文ロダンにさしかかった際に、複文と同時に身につけるものとして、以上のことを教えていただきたいと思います。

第3章

要約して書く

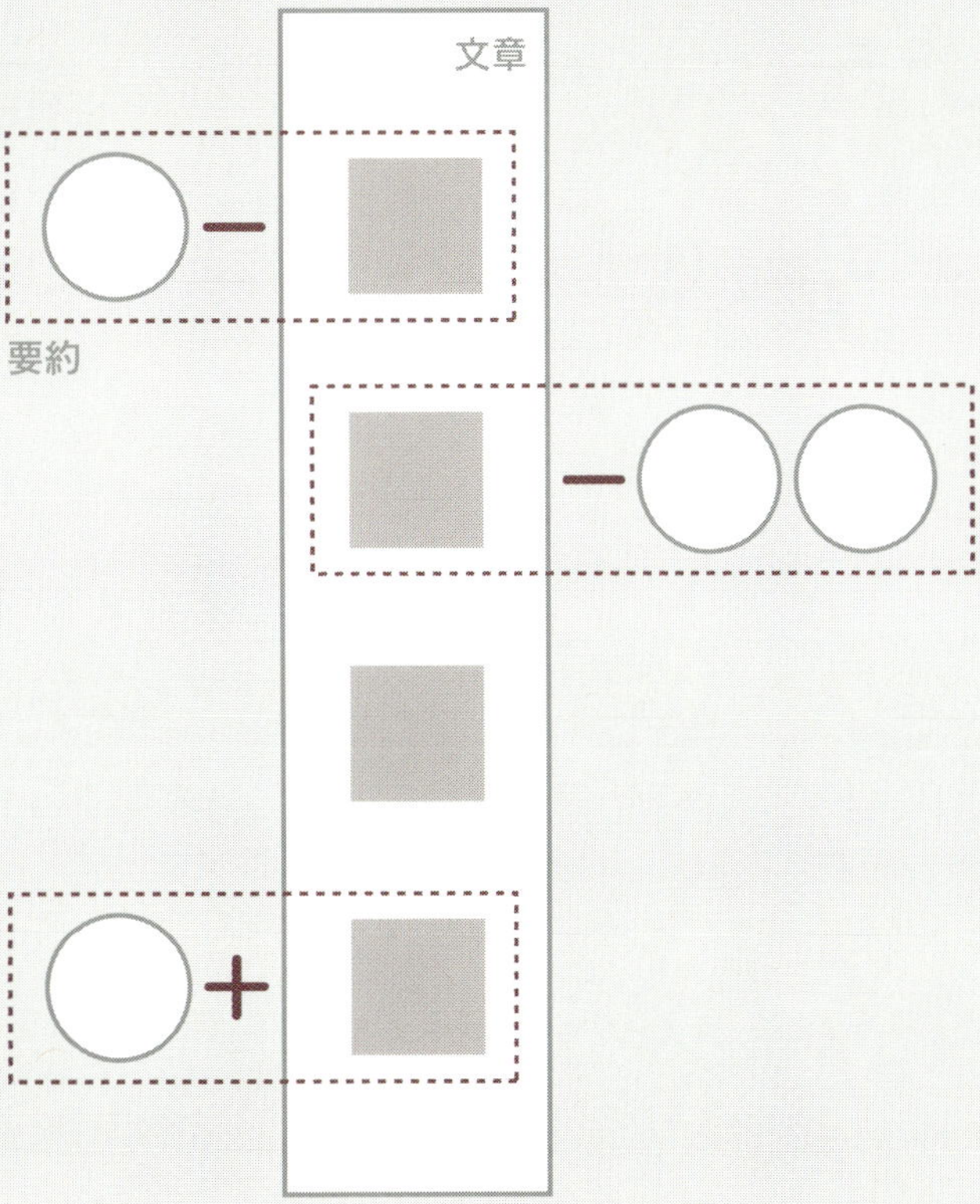

説明文や物語を使って
文章の特徴あるいは構造をつかもう。
それを通して主題を読み取り、まとめ、
ものごとの本質を理解する練習をしよう。

ねらい	要約する	教材	文章

レッスン8

余分なことばを省いてまとめよう

ここでは、一文、あるいは二文で書かれた文章を、さらに簡潔にするまとめ方を学習します。この学習は、文章をひきしめたり、字数制限のある文章を書いたりする場合に役立つでしょう。

問題 つぎの文をできるだけ短くまとめてください。

①彼が大学に入学するときには、目の色を変えて、今からでは考えられないくらいによく勉強した。

②食べることは、動物にとってとても大切なことです。いま、この大切な食べるということが、動物にとっていったいどういうことなのかを根本的に考え直してみることにしましょう。

③ひと昔前まで、学校の先生は地域のみんなから尊敬されていたものだ。どのくらいかというと、「先生様」と先生に様をつけて呼ぶ人が多かったくらいである。

Hints ヒント

① 省略できる修飾語（＝かざりことば）をけずろう。意味がきちんと通じるためには残さなければならないものもあるのに注意しよう。

② くり返しをひとつにまとめよう。

③ 具体的な例をけずろう。

④土をやわらかに掘り起こし、そこに植物の種をまけば、翌年にはまた同じ植物の実が食べられるという知恵は、人間のみが知っていることだ。

⑤母は私を見ていった。
「あなた、最近、ようすが変ですよ。いったいどうしたの。」

「いや、いや、何でもないよ」と、あわてて私は、平静をよそおって答えた。

⑥ロダンという名前の犬がいる家に、親せきの子どもたちが遊びにきた。そして、ロダンの口や耳を引っぱって遊んでいたが、ロダンは、じっとおとなしくがまんしていた。でも、ロダンは決して平気なのではなかった。心のなかは、滝の水に打たれて修行しているようだったのだ。

⑦古来、人間は死を非常に恐れました。それゆえに、生命を長引かせることに多くの努力がはらわれ、なかには、不老長寿の薬をさがそうとした皇帝すらいたくらいでした。しかし、そのような薬はもちろん、見つかりませんでした。

④ 具体例の部分をもっとかんたんで一語でわかる文に直そう。

⑤ 「 」（カギカッコ）を使わないで、間接的ないいかたにしよう。

⑥ いくつかの文をひとつにまとめよう。

⑦ 「そのような薬」の「その」が指している内容を入れてひとつにまとめよう。

⑧二度とこない大切な若い日々をむだにせず、自分がはたして何に向かって進めばよいのか、真剣に考えて欲しいのです。

⑨人の心のはたらきには、ほんとうは動物と共通するところが多いのである。それにもかかわらず、私たちは自分の心のはたらきを人間独自なものと思い込んでしまっていることが多い。

⑩海のなかの生きものは、たがいに食う、食われるというからみあうシステムのなかで関係し合って生きています。これを食物連鎖ともいいます。ですから、そのうちのたったひとつでも、欠けたり、数が減ってしまうと、その影響は、海に住む生きもの全体におよんでしまう恐れがあります。

⑧ 意味のわかる範囲で、修飾語をとろう。

⑨ 「にもかかわらず」を使わず、ふたつの文を一文にしよう。

⑩ 「ですから」に注目してひとつの文にしよう。

◆解答例

①彼が大学に入学するときにはよく勉強した。
②動物にとって大切な食べることを根本的に考え直してみることにする。
③ひと昔前まで、学校の先生は地域のみんなから尊敬されていたものだ。
④農業は人間のみが知っている知恵だ。
⑤母は、私のようすが変なのに気づいたが、あわてて私はごまかした。
⑥家に遊びにきた親せきの子どもたちに口や耳をひっぱられても、ロダンは修行のつもりでじっとがまんしていた。
⑦古来、死を恐れた人間は、不老長寿の薬を発見しようとしたができなかった。
⑧若いときに自分の進路を真剣に考えて欲しい。
⑨人の心のはたらきには動物と共通するところが多いが、私たちはそれを人間独自なものと誤解していることが多い。
⑩海の生物はたがいに食物連鎖のシステムで関係し合っているので、ひとつが欠けたり数が減ることで全体に影響をおよぼす恐れがある。

ここがポイント……指導する方がたへ

作者のいいたいことだけを書こう

通常、文章というものは、よりわかりやすく説明するために具体例を入れたり、よりくわしく説明するために細かな修飾語をつけたり、確認するためにあえてくり返しを使ったりと、さまざまな技法を駆使して書かれています。まとめるとは、これらの技法の部分を全部省いて、作者のいいたいことだけをそのままむき出しに書くことです。

文章をまとめるための技術

より簡潔な文章にするにはつぎのようなことをさせましょう。

- 敬体を常体に変える――「です、ます」というていねいに表現された部分をけずって、「だ、である」体に変えます。
- 余分な修飾語をけずる――意味をきちんと伝えるために必要なものは残します。問題①がその例です。
- 具体例をけずる――具体的な例をけずります。問題③がその例です。
- より上位の抽象的なことばでいいかえます。問題④がその例です。
- 「」（カギカッコ）をはずし、そこでいわれている内容を見極めて間接的な表現にいいかえます。
- できるだけ一文にする――これはもちろん、内容の複雑さにもよりますが、できるだけ単純にすることとつながっています。
- 指示語や接続詞に注意してまとめます。問題⑦がその例です。

そして、必要に応じて、これらを組み合わせていきましょう。

アドバイス

文章を短くまとめる練習は現実の本質をつかむ練習

レッスン8は、じつは、単に文章を短くするためだけの練習ではありません。その文章の核心と本質を理解することにつながります。そして、文章だけではなく、現実に起こっていることの本質をつかむことにもつながっていきます。

現実はさまざまな雑音に満ちていて、なかなかその本質を表面には現しません。私たちは、理性や感性などを使ってそれにせまっていくのです。そのとき、ことばと文章が役に立ちます。

以上のことをまったく逆に考えてもいいのです。つまり、理性や感性といわれているものは、じつはことばで成り立っていると。ですから、ことばの訓練をしないと理性も感性もはたらきません。そして、いったんその訓練をした人間は、書くというプロセスを経なくても、理性や感性がはたらくようになるのです。

このように、要約練習は、理性や感性をはたらかせて現実から雑音部分を取り除き、その本質を見抜く訓練になるといえるのです。

レッスン 9

各段落をまとめて全体をまとめよう

長い文章をまとめる方法を学習します。その基本は説明文の要旨をまとめることです。各段落のまとめを、きちんと文章になるように新しくつなげたものが、その説明文のまとめ、つまり要旨になります。

問題 つぎの文章を読んで、それを文章にまとめてください。各段落のまとめを下段の空欄に書き出し、それをつないで作文を書きましょう。各段落の流れをつかむことが大切です。

はじめに——ことばのふしぎ

段落①

「ことば」は、ふしぎなものでしょうか。どうも、あまり「ふしぎ」という感じはしないのではないでしょうか。私たちは日ごろ、それほど苦労もしないで「ことば」を使い、いろいろなことをしたり、してもらったりしてくらしているからです。ときどき国語の試験などで「ことば」の意味を聞かれたりして苦労することはあるでしょうが、それも「難しい」とかあるいは「やさしい」などと感じるだけで、「ふしぎ」だと思うようなことはまずないでしょう。でもほんとうに「ことば」には、なにも「ふしぎ」なことはないのでしょうか。

段落②

「世界の七不思議」ということばを聞いたことがありますか。エジプトのピラミッド、中国の万里《ばんり》の長城《ちょうじょう》、ローマのコロセウム（円形劇場）、イギリスのストーンヘンジ、などをあげたりします。しかし、私たちは今ではもう、ピラミッドは何のためのものなのか、万里の長城はどうして作られたのか、などということを知っていますから、よくも昔《むかし》にあのようなものを作ったものだと感心はするでしょうが、「ふしぎ、ふしぎ」と頭をひねるようなことはないでしょう。

Hints ヒント

① まずは文章の先頭が一字下がっているところに番号を打ち、文章をいくつかのかたまりにわけよう。このかたまりを「段落」という。

② レッスン8で学習した一文まとめの技術を全面的に活かし、各段落をまとめてみよう。

③ 各段落をまとめたら、さらにそれをまとめ作文を書こう。

段落① はじめの一文と最後の一文をよく比べよう。同じことをいっているのだろうか。ちがうことをいっているのだろうか。まんなかの部分はどうだろうか。

段落③

日本にも、あちこちに昔から伝えられてきた「七不思議」というのがありました。たとえば「越後《えちご》の七不思議」のひとつは「燃える水」でした。しかし、これもじつは「石油」であると知っている私たちには、もはや「ふしぎ」なものではありません。江戸《えど》にも「本所《ほんじょ》の七不思議」というのがありました。たとえば、「おいてけ堀《ぼり》」というのがそうです。言い伝えによると、なんでもこの「おいてけ堀」で魚釣《さかなつ》りをする、そして釣った魚をびくに入れて持って帰ろうとすると、どこからか「おいてけ、おいてけ」という声が聞こえてくる、それで釣った人はこわくなって、びくを置いていちもくさんに逃《に》げて行く、というのです。これはどうでしょうか。もちろん実際にそんなことがあったとしてということにはなりますが、たしかに「ふしぎ」な話です。

段落④

「ふしぎなもの、ナ一二」と聞かれたら、なんと答えますか。たぶん「おばけ」などという答えが多くかえってくることでしょう。では「おばけ」はなぜ「ふしぎ」なのでしょうか。「足がないのに、スーッと動くから」「死んでいるのに、ウラメシヤーなどと言ったりするから」などという答えがでるでしょう。足がなければ歩けない、死んでいるならものは言えない——ふつうだったら、一方が成り立てば他方は成り立たないはずのことです。ところがそれが成り立っている——そこで「ふしぎ」と思うのでしょう。

段落⑤

「ことば」にも、それと同じように「ふしぎ」と思えることはないでしょうか。埼玉県《さいたまけん》のこじま・たかゆき君に登場してもらいましょう。たかゆき君は、四歳《さい》のとき次のようにいいました。

おかあさん
なんで　みんな　おかあさんのこと
奥《おく》さん！　っていうの
銀行では　小島《こじま》さんっていうのに

段落② 二文目以下は一文目の具体例になっている。

段落③ 「世界」ときたからには、次は「日本」のことだ。

段落④ 最後の文に注目。とても大切なことが述べられている。最後の文中にある「それ」は何を指すのだろう。

段落⑤

なんで？
教えて！

ぼくのおかあさんは、いつも同じぼくのおかあさん、だからいつも同じ「おかあさん」でいいはずなのに、違《ちが》った名前でみんなから呼ばれる——ふしぎ、ふしぎ……というのが、たかゆき君の気持ちでしょう。

段落⑥

もうひとり、今度は広島県《ひろしまけん》のたるたに・みゆきちゃんに登場してもらいましょう。みゆきちゃんはまだ二歳《さい》のころ、次のように言ったとのことです。

さんぽとさんぱつ
パンとパンツ
おんなじようじゃねえ

パーマとパーマン
いちごといちとご（一と五）
おんなじようじゃねえ

「さんぽ」と「さんぱつ」——ことばの形は似ているけれども、言っていることは似ていない。「パン」と「パンツ」も同じこと——形は似ているのに、「パン」は食べられても「パンツ」は食べない。それなら、どうしてことばの形が同じようなのだろう。おかしいな——みゆきちゃんは、そんなことを考えているようです。

段落⑦

たかゆき君やみゆきちゃんにならって、これからことばの「ふしぎ」を考えてみましょう。

段落⑤ 第5、第6段落は、第4段落で述べられていることの具体例だ。対比的に述べられていることに注目しよう。

段落⑥ 第5段落では同じ人がちがうことばで呼ばれることに対して、第6段落では、同じか似ていることばなのにぜんぜんちがう意味になっていることにふしぎを感じている。

段落⑦ これが結論だ。

●『ふしぎなことばことばのふしぎ』（池上嘉彦、ちくまプリマーブックス）より

◆解答欄

（25字×12行）

◆**解答例**　小学校3年生・男子

●各段落の流れをつかむ

段落① ことばはふしぎだろうか

↓

段落② ふしぎなものの例①　世界の七不思議

↓

段落③ ふしぎなものの例②　日本の七不思議――おばけ（足がないのに歩く）

↓

段落④ どういうときにふしぎなのか――一方が成り立てばもう片方は成り立たないはずなのに成り立っているとき

↓

段落⑤ ことばのふしぎの例①　同じものなのに別なことばで呼ばれる――おかあさん（奥さんと呼ばれたり、小島さんと呼ばれたり）

↓

段落⑥ ことばのふしぎの例②　同じようなことばなのに別なことを言っている――さんぽとさんぱつなど

↓

段落⑦ ことばのふしぎについて考えよう

文章全体の流れをつかむことが大切

上段は、各段落のまとめ例です。

レッスン8では、一文、あるいはいくつかの文章を短くまとめる練習をしました。段落をまとめるときには、そこで学習したことが役立ちますので、もしうまくできなければ、もう一度レッスン8を振り返ってみましょう。

このまとめ例をよく読んでください。すると、流れがあることに気づくはずです。

第1段落では「ことばはふしぎなものだろうか」と読者に問いかけます。

第2、第3段落は第1段落にあることば以外の「ふしぎ」の具体例です。

第4段落は第3段落で述べたお化けの例を出して、どういうときに「ふしぎ」なのかと説明しています。

第5、第6段落は、そのようにして考えた場合の「ことばのふしぎ」の例です。

そして、最後に全体をまとめて、「ことばのふしぎについて考えてみよう」ということになります。

●まとめの文章を書く

ステップ1

ことばはふしぎなものだろうか。世界や日本にはふしぎなものはあるけれど、その中で、足がないのに歩くおばけがある。足がなければ歩けないはずだ。つまり、一方が成り立てば片方は成り立たないとき、ふしぎに思う。ことばにも同じようなふしぎがある。これからそれを考えていこう。

ステップ2　短く書く

ことばはふしぎなものだろうか。一方が成り立てば片方は成り立たないはずなのに成り立ってしまうとき、私たちはふしぎだと感じる。これから、そのようなことばのふしぎさを考えていこう。

ステップ3　もっと短く書く

これから、ことばのふしぎを考えていこう。

ステップ4　もっともっと短く書く

ことばのふしぎ

まとめは長くも短くもできる

各段落をまとめたら、それをうまくつなぎ合わせていきましょう。それでも長くなる場合は、けずれるところをどんどん省略していきます。

ステップ①は、段落⑤、⑥のことばのふしぎの例①と②を省略して書かれていますが、ステップ②では段落②、③のふしぎなものの例も省略されています。このように、まとめの長さを短くするには、余分な例をどんどんけずっていけばよいのです。ここでもレッスン8で学習したことが生きているのです。

ステップ③では段落④の「ふしぎ」と感じる理由もけずられ、この文章全体の主題（段落⑦）だけが残っています。

ステップ④ではさらにそれをけずり、そのままこの文章のタイトルになりました。

通常、「文章の要旨を書きなさい」という指示があった場合には、ステップ②程度にまとめると適当な長さになるでしょう。指定の字数に応じて、長くも短くもできるのが「まとめ」なのです。

ここがポイント……………指導する方がたへ

文章を段落ごとにわけよう

どんなに長い文章でも、じつは短い「段落」が集まって成り立っています。まずは、そのことに気づかせましょう。段落の先頭の文章は一字下がりになっているので、そこに段落番号を打たせます。はじめての場合には、ここで示したように、さらに段落を線で囲ってしまうと集中でき効果的です。

段落とは、長い文章のなかで、ある一つの主題を持ってまとまった部分のことをいいます。段落を線で囲ったら、レッスン8で学習したことを思い出しながら、各段落を短くまとめさせます。こうすることで、文章全体の流れが見えてくるのです。

段落の「中心文」に線を引かせ、具体例を省略して段落をまとめよう

段落はたいてい複数の文章から成り立っています。きちんと書かれている説明文の場合、それぞれの段落には、その段落の内容をまとめた「中心文」が必ずあります。段落をまとめるときには、まずそれに線を引かせましょう。その段落の中心文以外の文は、中心文をおぎなうもの（省略できるもの）と考えればよいわけです。

何かをわかりやすく説明するとき、人はだいたい具体例を出して説明します。ですから具体例の出し方がうまいと、とてもよくわかるよい文章になるのです。しかし、反対に文章をまとめていくときには、こうした具体例はどんどん省略させます。

説明文の構造を理解しよう

各段落をまとめたら、つぎに文章全体の流れ（＝構造）を必ず確認させましょう。そうすることで、文章に対する漠然とした理解が、はっきりとした理解に変わります。

段落のまとめをまとめ、全体のまとめ文を書こう

段落を前から順番につなぎ合わせれば、全体のまとめ文になります。指定の字数に合わせる場合には、そこからさらに省略できる部分をけずらせればよいのです。

アドバイス

「説明文」を読んでまとめる

一般的に何かを知ろうとしたとき、私たちはまず、そのことについて書かれた説明文を読みます。小学生の読書というと物語が多く、小学生向きに書かれている説明文は、それに比べて大変少ないのが現状です。しかし、理科や社会の教科書も、じつは説明文です。ですから小学生が説明文を読んで内容を理解することはとても大切なのです。

この項で学習した「説明文まとめ」で大切なことは次の二点です。

第一には、どんな説明文も短い段落が集まって、具体と抽象をいききする構造をしているということを理解させることです。すぐれた説明文ほど具体例の挙げ方がうまく、さらに具体例そのものもおもしろく説得的です。この構造を理解できれば、自分が説明文を書くときに必ず生きてきます。

第二に、説明文をまとめることで内容の理解が深まるということです。説明文はどんな長さにもまとめることができます。任意の長さでまとめられるようになるまで、くり返し練習しましょう。

レッスン 10

物語は3つにわけて読もう

物語をまとめてみましょう。説明文とちがうまとめ方をしないと、だらだらとした文章になってしまいます。単なる「あらすじ」ではなく、主題の入った「あらすじ」としてまとめる必要があります。

問題 つぎの物語を読んで、それを200字以内で文章にまとめましょう。

旗

はじめの設定

少女は交通事故《こうつうじこ》にあって、かれこれひと月ちかくも学校を休んでいる。

さいわい経過《けいか》は順調《じゅんちょう》で、入院《にゅういん》も短期間《たんきかん》ですんだのだが、骨折《こっせつ》のあとの片足《かたあし》がまだよくうごかせない。アパートの二階《かい》の一室《しつ》で、勉強のおくれを気にしながら、ただじっとしているしかない毎日だった。

この町へ引っこしてきてまもなくの事故《じこ》である。転校《てんこう》してきたばかりだから、親《した》しい友だちをつくるひまもなかった。母親が勤《つと》めに出たあとは、ノートなどひろげてはみるものの、まだなじみのうすい教科書で気がのらず、すぐほうりだしてしまう。テレビを見ても、あまりおもしろいものはない。そのくせ惰性《だせい》で料理番組《りょうりばんぐみ》までを根気《こんき》よく見て、それからさすがにばかばかしくなってスイッチを消《け》す。

そんなくりかえしの中で、少女はある日ふと、窓《まど》の外にめざましいものを見つけた。

窓《まど》の外といっても、ふとんに横になっていて見えるものは、むかいがわの家なみの、黒ずんだ屋根ばかりだ。しかし、少女の目の位置《いち》のちょうど正面《しょうめん》が、切りぬいたようにぽっかりとあいていて、その四角《しかく》い空間《くうかん》の中に、レモンいろの旗《はた》がひるがえっていたのである。

ガラス窓《まど》の内にいてはわからなかったが、上空《じょうくう》には風があるらしく、旗《はた》は、マーチの伴奏《ばんそう》にのってでもいるように、ぴんと張《は》ってさっそうとひるがえっていた。全身《ぜんしん》に思いきり風を受け、風にさからい、風とたわ

Hints ヒント

① つぎのような3つの要素を頭に置いて読んでみよう。

・**はじめの設定**＝主人公はだれで、どんな状況にいるのか

・**できごと**＝主人公や状況がどのように変化したか

・**主題**＝物語のいちばんよい場面はどこか

わかりにくければ、たとえば「シンデレラ」の物語を思い出してみよう。シンデレラはまわりからいじめられているが（はじめの設定）、魔法の力をかりて舞踏会に出て王子さまと出会い（できごと）、最後は王子さまと結婚して幸せになる（主題）という3段階の展開になっていることがわかる。

このように、3つの要素の展開を頭

むれ、風にあやつられながら風をあやつり、その一刻《いっこく》一刻の変化《へんか》に無上《むじょう》のよろこびをあらわしながら。

魅《み》せられて、少女は旗《はた》を見つめ、思わず窓《まど》にむかって手をのばした。あの旗をつかまえたい。生命《せいめい》の力にみちあふれたような、あの旗に手をふれれば、この折《お》れた足をひきずりながらでも、空の高みまでのぼっていくことができるのではあるまいか。そう思って見ているだけでも、心はすでに旗《はた》となって、空をかける風たちとあそぶ心地《ここち》がする。

この発見をしてからは、毎日、そのレモンいろの旗《はた》をながめて、さまざまな思いにふけるのが少女の日課《にっか》となった。あの旗は、なんの旗なのだろう。レモンいろの地に、わずかに黒い文字がはいっているらしいが、そこまではとても読みとれない。あの色の感じからいって、どこかの商店《しょうてん》が宣伝《せんでん》の旗を、屋上《おくじょう》にでも立てているのではあるまいか。

しかし、そんなことはどうでもよかった。なんの旗であろうと、その旗はもはや、少女のこのうえない友だちとなっていたのである。

できごと

そんなある日の午後、少女がいつものようにぼんやりと旗《はた》をながめていると、入り口のブザーの音がした。いまごろ来る人はないはずなのにといぶかりながら、

——はい、どなたですか。

すると、思いがけない声が返ってきた。できたばかりのわずかな友だちのひとり、教室ですぐうしろの席にいて、けがをしたときもいちど見舞《みま》いにきてくれた級友《きゅうゆう》である。

いそいでつえを取っておきあがり、ドアのかぎをあけると、友だちはにぎやかな調子《ちょうし》で、しばらく来なかったおわびを前おきに、学校のことなどいろいろと話し、それから思い出したようにかばんをあけて、ノートをめくった。

——ええとね、タテ十五センチ、ヨコ十五センチ。

いきなり数字を言われて、少女があっけにとられていると、友だちはわらって、

——あのね、こんど、クラス旗《き》を作るの。

——クラスキ?

——うん、クラスの旗《はた》。

——ああ、クラス旗。でも、お金がかかるでしょ。そんなりっぱな旗なんか、作れるの?


に入れて読むと、短い物語はとてもかんたんに読めるはずだ。
② 物語を読んだら、この3つの要素を思い出して、物語のどの部分がそれにあたるのか、見直そう。
③ 見直したら、枠を書いてたてに3つに仕切り、いちばん右に「主題」、いちばん左に「はじめの設定」、最後はまんなかに「できごと」の順番でメモ書きをしていこう。
④ メモ書きを見ながらそれを200字にまとめよう。

――りっぱなものじゃないんだ。だから、十五センチに十五センチなの。

――なあに、それ。

――あのね、クラス旗《き》っていっても、校旗《こうき》みたいにりっぱなものを作ることないでしょ。だからね、クラス全員が、小さいきれを持ちよって、それをつなぎあわせて作るのよ。十五センチ、カケル、十五センチのきれ、ね。

――ああ、それで十五センチなの。でも、そしたら、パッチワークみたいな旗《はた》になるわね。

――そうそう、そうなの。すてきよ、これは。運動会でも遠足でも、これをかつぎだせばめだつわよォ。ぜったい、世界にたったひとつしかない旗だもんね。

そのできあがりを想像《そうぞう》して、少女も思わずわらった。

――だから、十五センチのきれ、もらいにきたの。あまりぎれでも、ハンカチの古いのでも、なんでもいいわ。

――服《ふく》の残《のこ》りぎれがあったと思うけど……お母さんが帰らないと、よくわかんないから、あしたじゃいけない？

――うん、いいわよ。じゃ、あした学校へ行くとき寄《よ》るわ。

――そう、おねがい。だけど、旗《はた》っていいわね。ほら、あそこにもあるわ。

少女は窓《まど》の外をゆびさした。

――あら、ほんと。まあ、すてきじゃない。まるで、がくぶちにはいったみたい。

友だちがすなおに感心してくれたので、少女はついうれしくなって、さびしさをまぎらすためにあの旗《はた》ばかり見ている話をした。

遠い旗をながめながら、妙《みょう》にしんとして聞いていた友だちは、きゅうにふりかえって、少女の肩《かた》に手をおいた。

――わるかったわ。いままでほっといたりして……。友だちのくせにねえ。

――あら、そんなつもりで言ったんじゃないわ。

少女はかえってあわてて、

――ね、お菓子《かし》食べていかない。紅茶《こうちゃ》があるわ。

友だちもそれ以上は言わなかったが、ふとの窓《まど》のほうをふりかえって、くびをかしげた。

パッチワーク

さまざまな布をつなぎあわせて、一枚の大きな布をつくること

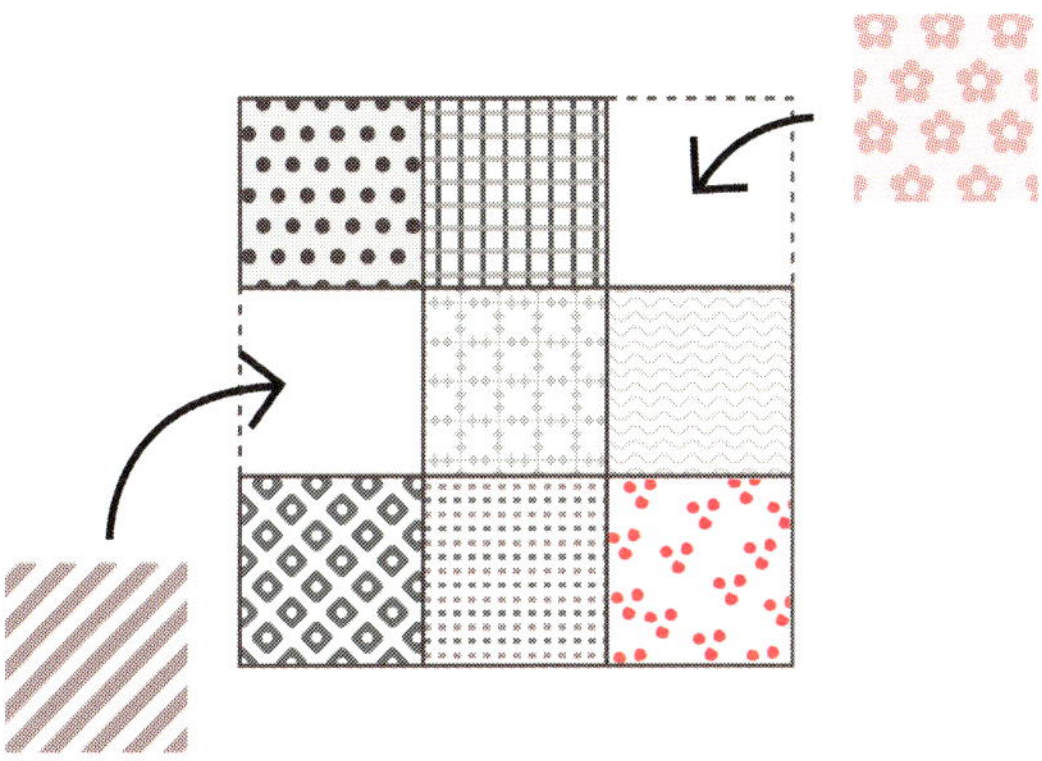

主題

――そういえば、あの旗《はた》……。

しかしそのつぶやきは、つえを鳴らして台所へ立った少女の耳まではとどかなかった。

その夜、少女は母親に洋服《ようふく》のあまりぎれをだしてもらったが、淡《あわ》い色の無地《むじ》のものばかりで、なんとなくさびしい。そこで、ふと思いついて、クリームいろの薄地《うすじ》の布《ぬの》に、赤いバラの花の縫《ぬ》いとりをした。あまりかたちのよい花にはならなかったが、約束《やくそく》どおり、あくる朝たずねてくれた友だちにわたすときには、クラス旗《き》の中にたしかに自分も加《くわ》わった気がして、なんとなくうれしかった。

それから一週間がすぎたが、友だちからは、あれっきりなんの音さたもない。このあいだ来てくれたときの口ぶりでは、これからはしばしばたずねてくれそうに思われたのだが、やはりそのときかぎりの気休めだったのだろうか。いい気になって、あの旗《はた》の話をしたことまでがくやまれてきて、あと数日すれば学校へ行ってよいという許可《きょか》が出ても、少女の心はなんとなくはずまなかった。

いよいよ、あすから登校《とうこう》という日のこと。きょうはすこし外へも出て準備《じゅんび》しなくては、と思いながら、いつものように窓《まど》をあけて、少女は思わず目をみはった。とっさに、自分が立っている場所をまちがえたような妙《みょう》な錯覚《さっかく》をおぼえ、また気をとりなおして、もういちど見おろす。

やはりまちがいではない。いつもの黄いろい旗《はた》のかわりに、そこにひるがえっていたのは、色とりどりのパッチワークの旗だった。そして、無意識《むいしき》に目でさがしたその旗のまん中に、クリームいろの四角《しかく》がぴったりとはまりこみ、そこに縫《ぬ》いとられたまっかなバラが、こんな遠くから見えるはずはないのに、それでも少女の目にははっきり見えた。

あくる日、おずおずと登校《とうこう》した少女は、クラス全員の拍手《はくしゅ》にむかえられた。そして、あのレモンいろの旗《はた》をかかげていた商店《しょうてん》のむすこが、おなじクラスメートであることや、クラスの相談《そうだん》の結果《けっか》、かれらのたってのねがいで、その父親が、きのうの朝の三十分間だけ、屋上《おくじょう》の塔《とう》にクラス旗《き》をかかげるのをゆるしてくれたことを、かわるがわるに聞かされたのである。

――あんたが出てくるまえに、どうしてもあの窓《まど》から見てもらいたいと思って、みんなでもうむちゅうになって縫《ぬ》ったのよ。

わらいながら話す友だちにほほえみかえしながら、少女は、この町へ引っこしてきてよかったと、心から思った。

主人公の少女の布は、クラス旗のどこに使われていたのだろうか、考えてみよう。

●『小さな町の風景』より「旗」（杉みき子、偕成社）

◆解答欄

●メモ

手順① 主　題	手順③ で　き　ご　と	手順② はじめの設定

●作文

（15字×15行）

◆解答例

●メモ

手順② はじめの設定	手順③ できごと	手順① 主題
転校してすぐ、交通事故にあい学校を休んでいた少女は、~~いつも~~窓からレモン色の旗を見て友だちがわりにしていた。	ある日、級友がたずねてきて（みんなで）クラスの旗を作るので布を出すようにたの~~まれた~~（んだ）。 少女はバラのししゅうのある布を出した。 少女が登校するとき、いつものレモン色の旗のかわりに~~少女が~~見たのは、まん中に自分の布のはまったクラス旗だった。（それにみんなの思いやりを感じた。）	少女はこの町に引っこしてきてよかったと心から思った。

●作文

　転校してすぐ交通事故にあい学校を休んでいた少女は、窓から見える黄色い旗を友だちがわりにしていた。ある日、級友が訪ねてきて、みんなでパッチワークのクラス旗を作るという。少女はバラのししゅうをした布を出した。少女が登校しようとするとき、いつもの黄色い旗のかわりに見えたのは、まん中に自分の布のはまったクラス旗だった。それにみんなの思いやりを感じた少女は、この町に引っこしてきてよかったと、心から思った。

（15字×15行）

ここがポイント……指導する方がたへ

見ひらきの原稿ノートを用意する

見ひらきの原稿ノートを用意します。右ページをメモ欄に使い、左ページに清書をします（この本ではメモ欄が上、作文欄が下になっています）。メモ欄はタテに3つに仕切ります。

物語を三段階で考えて作文を書こう

物語には共通する3つの要素があります。「はじめの設定」「できごと」「主題」です。物語をまとめさせるときには、この構造を考えながら作文を書かせます。

まず、どんな物語にも「主題」というものがあります。説明文だと結論にあたるもので、「作者のもっともいいたいこと」です。たいていの物語ではそれは、いちばんよいところ、山場（＝クライマックス）にあたるところで、だいたい最後にあります。この物語の場合もそうです。

手順①：まずは、物語の主題を一文か二文（40字）程度で短く書きます。それは文章中にきちんと書かれている場合もあり、書かれていない場合もあります。この物語では書かれています。ですから、その抜き書きでもかまいません。メモ欄のいちばん左にそれを書かせてください。

手順②：つぎに、物語のはじめの設定を考えます。だれが主人公でどんな状況にいるのかということです。メモ欄のいちばん右にそれを40字くらいで書きます。

手順③：最後は、メモ欄のまんなかに、はじめの設定がどのようにして変化していったのか、あるいは、なぜそのような主題となるのかを書きます。

この部分がもっともむずかしいでしょう。物語を見ないで、つまり、原文の表記にはこだわらず、それを思い出すようにして書くように指導します。残り120字ですから、字数限定から逆算して、かいつまんで書いていくしかないからです。

最後に、細かなところをつけ加えたりけずったりして、これらの3つの要素を自然でつながりのある文章に直し、左ページ（本書では下）に清書します。

アドバイス

具体的事例から結論を導く

まず、説明文の要旨にせよ、物語のあらすじにせよ、要約することで、その文章とそれを通して作者のいいたいこと（＝主題）がしっかりと頭に入ります。理解できるともいいかえられます。これがまとめる（＝要約すること）の意味です。

ところが、この文章のように主題がきちんと明文化されている物語は少ないのです。するとなかにはとまどう子どもも出てきます。その子どもには作者が何をいいたいのかがわからないわけです。

説明文では、具体的な事例と抽象的な結論が必ず書きわけられますが、物語というのは、この場合の具体的事例のみが書かれ、抽象的結論、つまり主題はあえて書かれないことが多いのです。あとは読者が考え、推測せよということです。物語を読むときには、具体的事例から主題を導く「一般化」という飛躍が必要なのです。

たとえば、「シンデレラ」の物語は、そのような具体的事例があったというだけのことではなく、一般化され、「シンデレラストーリー＝女性が幸せになる物語」となり、それが主題にもなります。

レッスン 11

自然でまとまりのある文章を書こう

文章とはそもそも自然なつながりがあり、かつまとまりのあるものでなければなりません。これまでの発想を逆転し、読んだものをまとめるのではなく、まとまりのある文章を書く練習をします。

問題 1

(1) つぎの5つのことばを含んだ、自然でつながりのある一文を書いてください。

夢、知識、犬、絵、おじいさん

(2) 同じく、5つのことばを使い、一文ではなく、いくつかの文を連ね、自然でまとまりのある文章を書いてください。

Hints ヒント

① (1)の問題は、主語をきちんと入れよう。

② (2)の問題は、文と文とのつながりを意識しよう。

問題2

さて、ある生徒は問題1を読んでつぎのような文章を書きました。ところが、よく見てみるとどこか不自然です。どこが不自然か説明して自然な文章に直してください。

(1) 知識のあるおじいさんが夢の中に出てきた犬を絵に描いた。

(2) おじいさんは、夢の中で犬の知識について絵で描いていた。

(3) おじいさんは夢の中で絵を描いていた。おじいさんには犬の知識がたくさんあった。

ヒント

① (1)の例は、「知識のあるおじいさん」とそれ以降のことが自然につながっていない。犬の絵を描くのに、知識のあるなしはとくに関係することではないからだ。たとえば、「おじいさんの夢は、自分の持っている犬についての知識を活かして、立派な絵を描くことだった」ならよいだろう。

② (2)の例は、「知識について絵で描く」といういい方が不自然。「犬の走るようすを絵で描く」のとはちがうのだ。「おじいさんは夢の中で、犬についての知識を絵を使って表現しようとしていた」ならよいだろう。

③ (3)の例では、ふたつの文のあいだには、何の関係もない。別々のことが書いてあるだけだ。これでは、この文章にはまとまりがないということになる。指示語で前の内容を受けて、できるだけ前の文に関係させた後の文をつくろう。

たとえば、「おじいさんは、夢の中で絵を描いていた。その絵にはおじいさんの、犬についての知識がたくさんつまっていた」などが考えられる。

問題3

(1) つぎの文を「中心文」にしてはじめに置き、その下にいくつかの文をつなげてまとまりのある一段落の説明文をつくってください。

「日本にははっきりとした四季の移り変わりがある。」

日本にははっきりとした四季の移り変わりがある。

(2) つぎの文を「中心文」にして最後に置き、その前にいくつかの文をつなげてまとまりのある一段落の説明文をつくってください。

「私は日本が好きだ（きらいだ）。」

私は日本が好きだ（きらいだ）。

Hints ヒント

① ここでは、問題1、2をさらに発展させて、一段落内でのまとまりということを意識した説明文を書こう。中心文とは、その段落でもっとも重要な一文（中心となる文章）のことだ。

② 一段落内には中心文は必ずひとつだけであることを意識しよう。

③ (1)の問題では、この下にくる文章は、内容的にかなり制限される。はじめの文が中心文となるのだから、その後にくる文は四季に関するものでなければならない。春夏秋冬について具体的に記述するのがいちばんよいだろう。

④ (2)は、(1)の問題よりは内容に制限がない。日本が好きだ（きらいだ）といえる根拠=理由になることを書けばよい。それは人によってさまざまだろう。

「〜だから、日本が好きだ（きらいだ）」と結論づけられればよい。

◆問題3（1） 解答例

① 小学校6年生・女子

日本にははっきりとした四季の移り変わりがある。春は、草花の芽が出はじめ、まだ少し寒さが残っている。夏は、虫などが多くなり、気温がとても上がる季節で、秋は、葉が紅葉して少し気温が下がってくる。冬は、夏と対照的で生き物が冬眠しはじめ、気温がとても下がる季節である。

② 小学校6年生・男子

日本にははっきりとした四季の移り変わりがある。春に、あたたかくなり、動植物が活発に動き始める。夏に、むし暑くなり、植物の緑色の葉は、とてもきれいだ。そして、秋になると、暑さはやわらぎ、何をするにも最適な季節だ。冬になると、寒くなり、雪を見ることができる。そして、冬が終わると、春に戻り、四季の移り変わりがくり返されていく。

トル
は
は
こうして
となる

中心文を補強する文章を書く

① ヒントにある指示通り書かれており、ほとんど直すところがありません。これでよいでしょう。

② 最後の文章に注目してください。

それまでのすべてをまとめて、「そして、冬が終わると、春に戻り、四季の移り変わりがくり返されていく」と締めくくっています。はじめの一文を中心文とするのだから、このようにすると同じ段落のなかに また別の中心文がくるようで原則からいえばちがうようですが、日本語の文章としてはこちらのほうがおさまりがよくなります。

◆問題3 (2) 解答例

① 小学校6年生・女子

日本には、昔からの伝統があり、そのどれもがたくさんの人に親しまれている。例えば、日本人の礼儀である。外国人の人から見ると日本人はとても礼儀が良いと言われている。その伝統は、これからも伝わっていくとうれしい。他にも日本には、昔から伝わっているものがたくさんある。その全てをふくめて私は日本が好きだ。

② 小学校6年生・男子

日本には、独特の文化がある。特に、京都、奈良の寺院の持つ不思議で静かなふん囲気は、日本でないとなかなか味わえないと思う。しかし、日本はこういった古くからの文化を守りながらも、海外の新しい文化を取り入れ、自分達の生活に適応させている。そしてどんどん進化していっていると思う。ぼくはこういう日本が好きだ。

中心文へ論理的につながる文章を書く

① 一見、何でもなく読めますが、あまり論理的な文章とはいえません。「伝統文化がある」ということと、「好き」であることが、あまりにもすぐつながりすぎているからです。何かそのあいだに理由を書く必要があります。

② 一方、作文例②では、「進化」という理由が挙げられています。そのためスムーズに「好き」につながっています。

単独で完結する文章としてならば②のほうがよいでしょう。ただし①でも、このあとに段落が続き、そちらの段落で「なぜなら～」と「日本が好き」な理由が展開されるなら問題ありません。

問題3を通していえることは、日本語の文章は、やはり最後にまとめ（=中心文）を持ってくるほうが、先頭に置くよりはるかにおさまりがよいということです。

ここがポイント……指導する方がたへ

自然なつながりを意識しよう（問題1、問題2）

いくつかの指定されたことばで文章をつくる練習をすると、強引に使ってしまうために、ともすれば不自然な表現や文章ができてしまいます。文法的に正しければよいというものではありません。これは例をあげていくときりがないくらいに出てきます。そのつど、その不自然さをよく考えさせることで、自然な表現や文章を教えましょう。

親子、あるいは、友だちどうしで、お互いにいくつかのことばを出し合って書いてみると面白いでしょう。できるだけ関係のなさそうなことばどうしだとむずかしくなり、関係のありそうなことばどうしだとやさしい問題ができます。

「中心文」を意識しよう（問題3）

いくつかの文章を重ねて書くとき、全体としてまとまりのない文章のできることが、初心者の場合、よくあることです。問題3では、レッスン9の説明文で学習したことを役立てます。つまり、「中心文」ということを意識させるのです。

問題3-(1)のように中心文をはじめに置く場合、その後には、それを支える文がこなければなりません。それは問題3-(2)のように、中心文を最後に置くときも同じです。途中で話題を変えることはゆるされないのです。要するに話題となることは、一段落中ではあくまでも一つだけであり、それが「中心文」ということの意味なのです。

読書の必要性

不自然な表現や文章を直してやることが添削のおもな仕事ですが、ひとつずつ教えていては際限もないことなので、子どもたちには同時に読書をさせないと、自然な表現を学ぶ機会がありません。

アドバイス　よい文章の見わけ方

長い文章では、いくつもの段落が設けられ、内容が細分化していますが、ひとつの内容にまとまるのがひとつの段落であり、その段落がいくつかあったとしても、全体でひとつの文章であるなら、全体でもひとつでまとまるものでなければなりません。

つまりどんなに長い文章でも、ひとつの文章である限り、その内容もひとつの内容にまとまるのです。

普段、子どもたちが読む文章は、選ばれた文章が多いですから、はじめから自然なつながりがあるし、まとまっているはずです。ところが、いざ文章を自分で書き起こすとなると、つながりとまとまりのふたつを達成するのはなかなかむずかしいものです。たくさん読書し、たくさん書かなければならない理由がここにあります。

さて、ここまでのレッスンでせっかくまとめる（=要約する）ことを勉強してきたのですから、ここで、自分の書いた文章を要約させてみましょう。すると、それが適切な文章かどうかがすぐにわかるはずです。つまり、もしひとつにまとめられなければ、その文章ではだめだということです。

チャレンジ3 ことばや文章をつないで書いてみよう

問題1 つぎの文章をできるだけ簡潔にまとめてください。

「あだな」の「な」は「名前」のことだろうということはわかりますが、「あだ」というのは何のことでしょうか。少し古い昔のお話などで、にくいかたきのことを「あだ」といったり、かたきを討つことを「あだ討ち」などということがあります。だから、「あだな」とは、にくらしい奴につけてやる名前ということかな、という気がするかもしれません。本当にそのように思っている人もいるようです。しかし、実際には「あだな」の「あだ」はこれとは違うことばで、もともと「別の」という意味だったそうです。つまり、本当の名前のほかの「別の名前」というのが、「あだな」ということだったのです。

●『ふしぎなことばことばのふしぎ』（池上嘉彦、ちくまプリマーブックス）より

Hints ヒント

① 真実のところだけに棒線を引いてみよう。2カ所ある。
② それを一文にしてみよう。
③「です・ます」体を「である」体に直そう。

◆解答欄

◆問題1 解答例

「あだな」の意味は「別の名前」ということだ。

問題2

つぎの文を中心文にしていくつか文を連ね、まとまりのある文章を書いてください。

えんぴつとシャープペンはよく似ている。

えんぴつとシャープペンはまったくちがう。

◆問題2 解答例

えんぴつとシャープペンはよく似ている。両方とももものを書くための道具であり、書いた字を消しゴムで消すことができる点でも共通している。芯の硬さにいろいろな種類があるのも同じだ。

えんぴつは使い切りなのに対し、シャープペンは芯を追加すればまた使える。えんぴつは木でできているが、シャープペンはプラスチック製や金属製のものが多く、木製のものはほとんどない。したがって、**えんぴつとシャープペンはまったくちがう。**

問題3

つぎの5つのことばを使い、指示にしたがっていくつか文章を書いてください。

リンゴ　プロレス　柿　ストレス　勉強

①まとまりのある一文を書いてください。

②ふたつ以上の文で、まとまりのある文章を書き、さらにそれを一文にまとめてください。

問題3　解答例

①
秋の夜長、一生懸命に勉強したあとは、リンゴや柿を食べながらテレビでプロレス観戦をしてストレスを発散した。

②
ストレスを発散させるには人によってさまざまな方法があるだろう。秋の夜長であれば、読書に自分の好きな勉強をするのもよし、リンゴや柿といった秋の味覚を楽しむのもよし、テレビの深夜番組でプロレスを観戦するのもよしである。

←一文でまとめると

ストレスの発散法は人によりさまざまである。

発展問題
3

次のことばや内容を全部入れて、複数の文でまとまりのある文章をつくってください。

勉強することがすき、急ぐのはきらい、受験、時間、両親、先生

解答例は
140ページ

コラム3

スローリーディングで木も森も

国語専科教室では、ここで紹介した本、『ふしぎなことばことばのふしぎ』や『小さな町の風景』を使ってスローリーディングを実践しています。一冊の本を何カ月もかけて作品や章ごとに要約しながら読んでいくのです。

たとえば、『小さな町の風景』は、主題ごとに8つの章＝風景にわかれており、それぞれの章は、さらにいくつかの小さな作品群からできています。すべての章の作品群を合計すると45あります。

はじめはひとつの作品ごとに要約するのですが、いくつかやっていると、主題が同じなので物語の構造も同じようになっていることに子どもも気がついてきます。たとえばはじめの章「坂のある風景」ならば、「少年や少女が坂の途中で何かに出会い、それによって励まされていく」成長の物語であることがわかるのです。

「坂のある風景」に収められたひとつの作品を木とすれば、それらが集まって「坂のある風景」という森をつくり出しているのです。教室ではそこで、ひとつの作品のみではなく、それらの共通点をあげて作品群

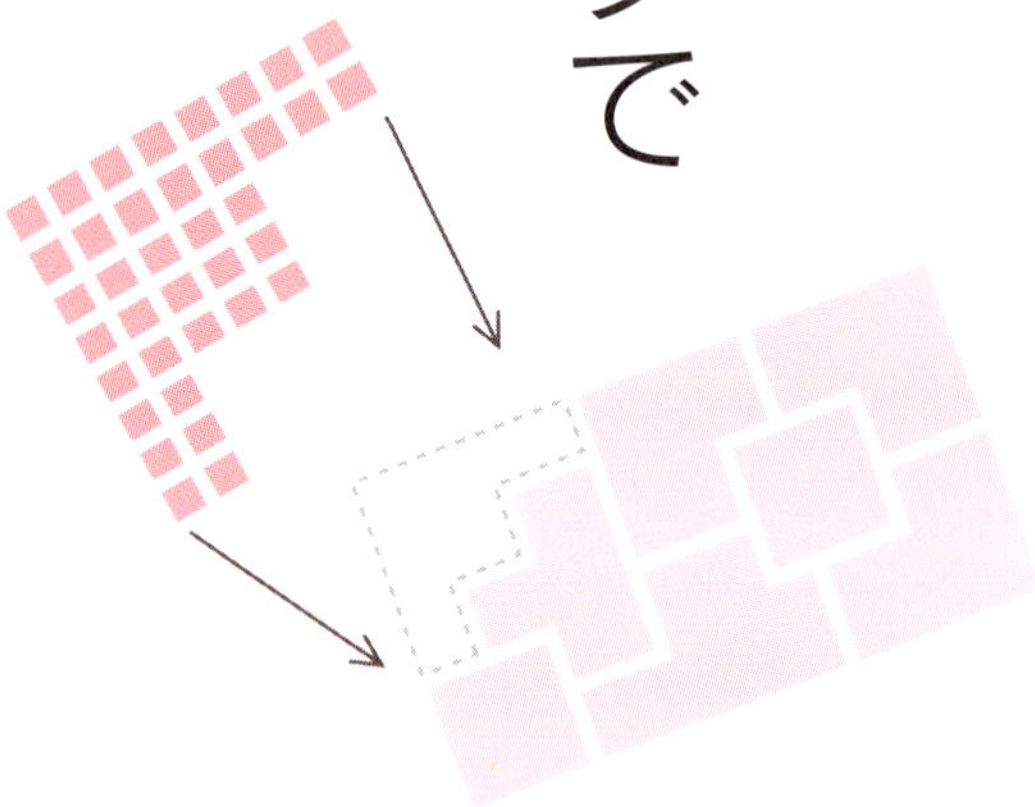

つまり森のレベルでの論理的な要約もさせ、しかも、それをすべての森＝章にわたってするのです。

すると、思わぬことが起こります。8つの章の配置と関係して、個々の作品や章を超えた次元で「新しい物語」が立ち上がっていくのです。これこそ一冊の本を通してゆっくりと読んでいくことの醍醐味です

たとえば、「塔のある風景」の最後は敗戦と平和への祈りが主題になっていますが、その後は杜甫《とほ》の詩のごとく「国破れて山河あり」つまり、自然＝「木のある風景」の展開になり、その最後の作品「春一番」では、「小さいみずみずしい若芽のうす緑」が登場するところで終わります。季節のめぐりは次の風景＝章の展開「電柱のある風景」で、電柱が木製からコンクリート製に代えられるのとも呼応して世代交代の話＝思い出話になっていく。独立しているように見えたそれぞれの作品や章はじつはひそかに目配せするかのようにつながりあっていき、最後の「海のある風景」へとなだれこんでいくのです。

作品の背後にある時代背景や作者の生き方がそこから垣間見えます。あたかも、「青い地図」を片手に、そこにある目配せのような記号を少女がたどるとその先が海であるかのように。

第4章

自分を客観的に見つめて書く

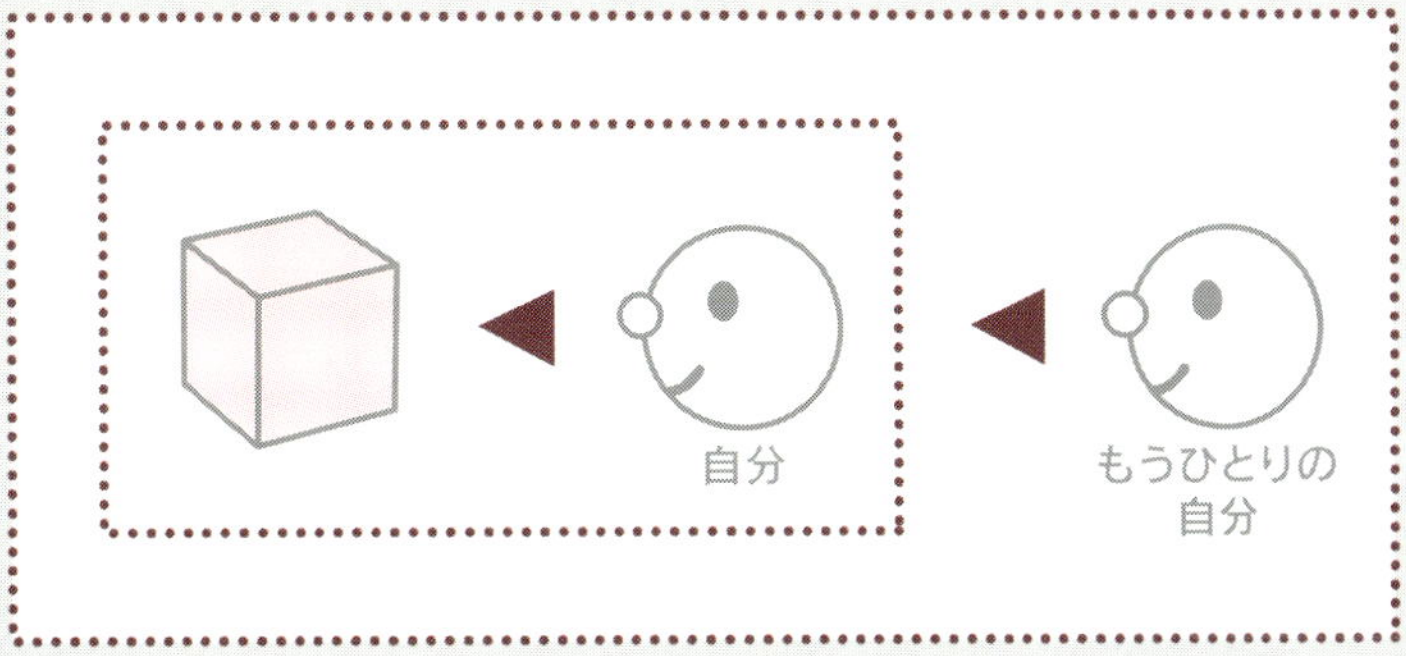

自分が主人公になったつもりで、
自分がおこなったことや考えたことを
もう一人の自分が観察するという
意識を持って書く練習をしよう。

ねらい	観察する	教材	現　実

レッスン12

自分のおこないをほかの人の目から見て書こう

自分のおこないを振り返って説明してみましょう。人にキチンと伝えるためには、ほかの人の目になって書く必要があります。その練習として「宝さがし作文」と「説明書作文」があります。

問題1

身の周りのものをひとつ選んで、部屋のどこかにかくしましょう。そして、かくしたものと場所を作文で説明してください。ほかの人にその作文を読んでもらい、文章だけでその場所にたどり着き、かくしたものが発見できれば成功。その人が途中で迷ったら、書き直しです。

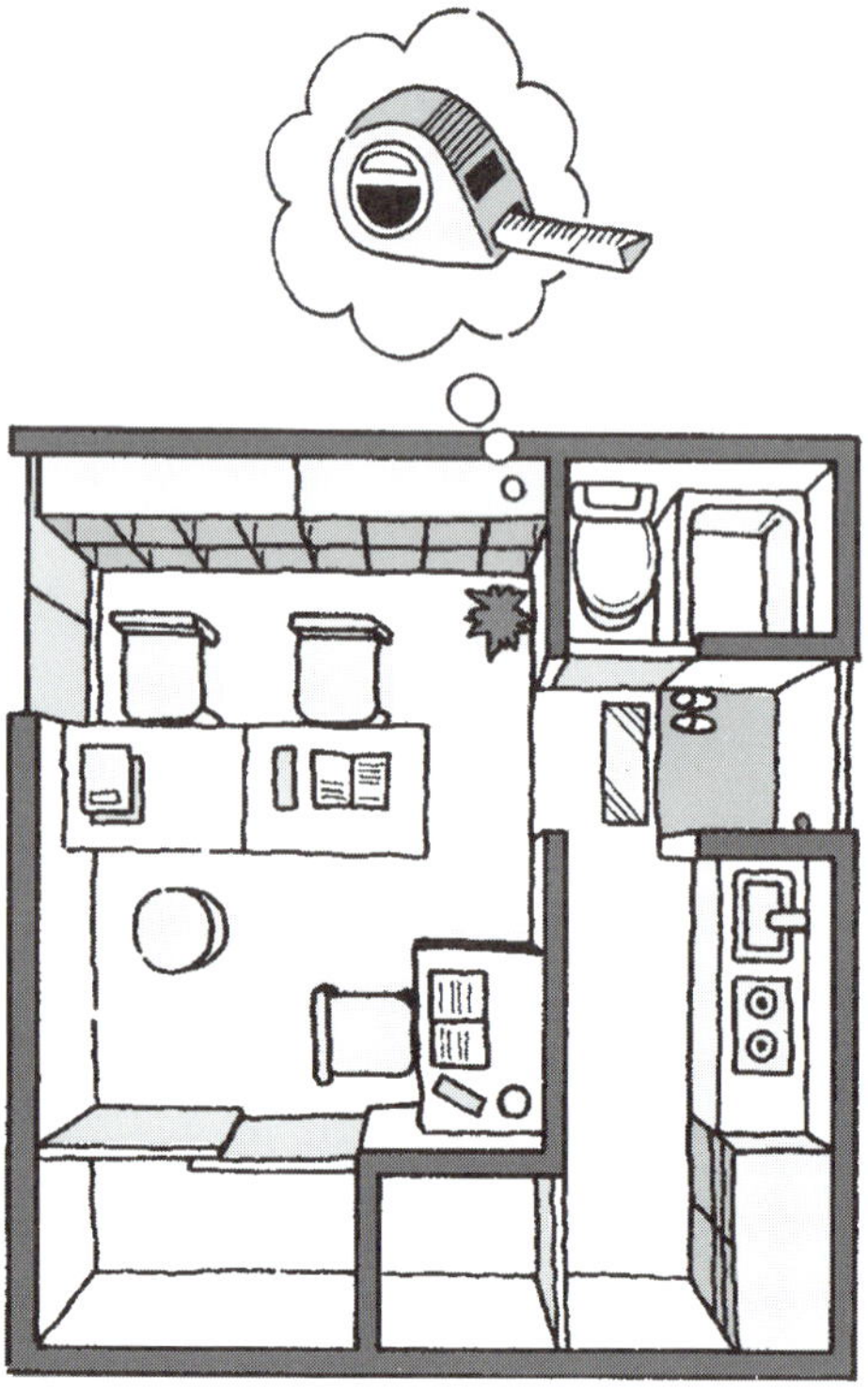

Hints
ヒント

① 身近にあるものを「宝もの」としてひとつ選ぼう。
② どんな場所か、そのどこにあるのかなど、かくし場所をキチンと書こう。
③ かくしたものの特徴も書こう。
④ 作文ができたら、それをほかの人に読んでもらおう。
⑤ 文章を読む人は、書き方があいまいだったら、そのつど、わからないところで立ち止まり、書き直しをしてもらおう。

◆解答欄

(25字×12行)

◆解答例　小学校4年生・男子

●1回目

ぼくのかくしたものはメジャーです。それは白いたなの中にあります。

●2回目

ぼくのかくしたものは、メジャーです。それはどこにあるかというと、まずまどの向きに立って右の白いたなまで行ってください。そしてたな向きになって一番右側の下から五番目のたなを見てください。そのメジャーは、一番右にある赤い辞典にかけてあります。

の上に

に向かって立って

●3回目

ぼくのかくしたものは、3・5メートルのびるメジャーです。「3・5メートル」とかいてある面は青色で、そのうらが何もかいていない白色で、真ん中はねじでとめられています。それはこぶしと同じくらいの大きさです。形は英語のDに似ています。

それはどこにあるかというと、次の通りです。まず、まどに向かって立って、右の白いたなまで行ってください。そして、たなに向かって、一番右側の下から五番目のたなを見てください。そのメジャーは、一番右にある赤い辞典の上にあります。

場所と特徴を説明しよう

小学校4年生・男子の「宝さがし作文」です。二度の書き直しの末、三度目でやっと「宝もの」のありかを特定させることができました。

まず、1回目の作文ですが、この課題にはじめて取り組む子どもは、たいていこの程度の作文を書きます。「これでわかってもらえるだろう」と考えてしまうようです。しかし、この作文では不十分です。

作文を読んだだれもが書き手の「宝もの」を特定できるためには、「どんな」メジャーで、「どこの」白いたなにあるのか説明が必要だからです。そこで、この作文を書いた子どもに『どんなメジャー？　どこの白いたな？　これだけではわからないよ』と問いかけると、かれはどの程度の説明が必要かを理解し、2回目の作文に書き直しました。これで、かくし場所まではたどり着くことができました。しかし、これでもまだ不十分です。

「宝もの」の特徴を書こう

2回目の作文で「宝もの」の場所はわかりましたが、それがかれのかくした「宝もの」かどうかは断定できません。

かれがかくしたものはメジャーという、ある意味で特殊なものでしたが、鉛筆や消しゴムなどといったように、複数あることが当たり前のものであれば、その特徴をよりくわしく書かなければ、それが「宝もの」かどうか断定できません。また、かくし場所にメジャーが複数置いてある可能性もあります。

そのことを伝えて書き直したのが、3回目の作文です。色、形、大きさなどがわかり、やっと「その」メジャーが特定できました。

問題2

電気製品には取扱説明書がついています。それを読めば、はじめての人でもその製品を使うことができます。そこで、それと同じ要領で、いつも使っている鉛筆けずりの使い方を、それを使ったことのない人にもわかるように説明してください。

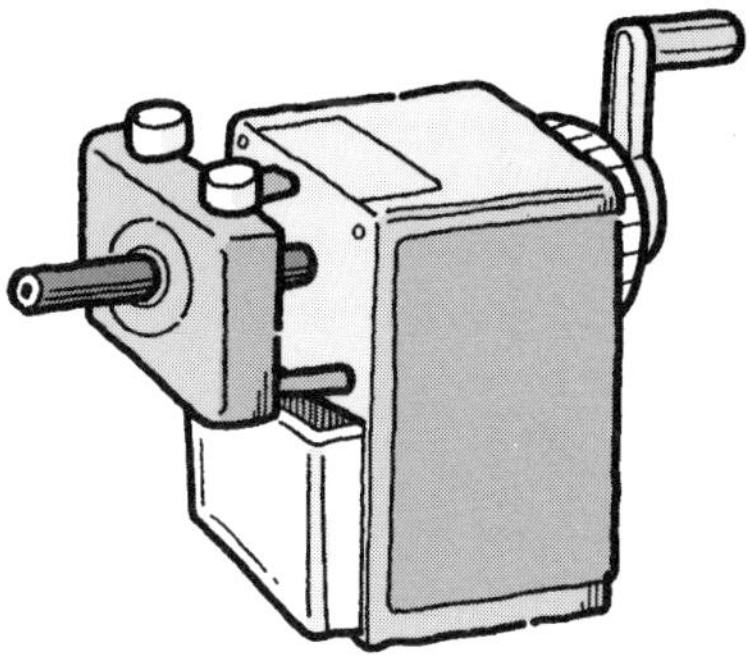

Hints ヒント

① まず、自分で鉛筆をけずってみよう。

② 鉛筆けずりにはさまざまな部品がついている。ひとつひとつに名前をつけよう。部品の名前がわからなければ、自分なりに名づけてもかまわない。

③ ひとつひとつの操作を箇条書きにしてから作文にまとめよう。

④ 作文ができたらそれをほかの人に読んでもらおう。読んだ人が使い方に迷ったら書き直そう。

◆解答欄

(30字×7行)

◆解答例

小学校4年生・女子

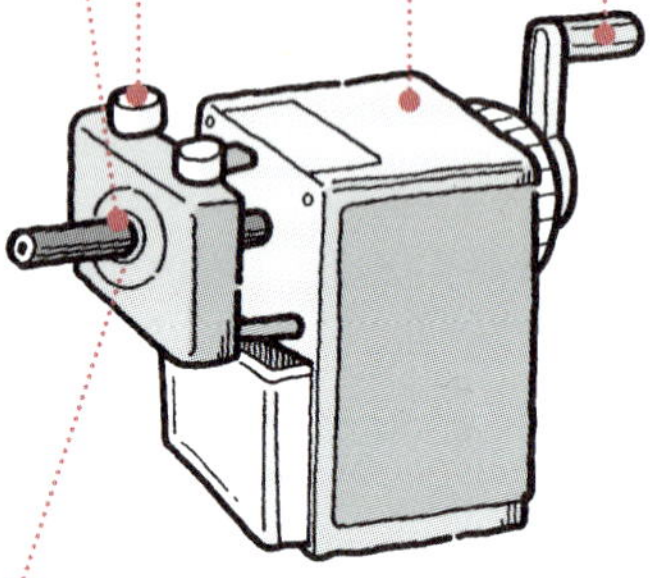
ハンドル
けずるためにまわすところ。
屋根
手をおくところ。
レバー
えんぴつ入れを開けるために使う所。
えんぴつ入れ
けずるとき、その穴にえんぴつを入れる。
ささえ
えんぴつをささえるところ。

まず鉛筆けずりの各部分に名前をつけると、作文が書きやすくなります。

まず、ささえを手前にとまるまで引っぱる。屋根に手をおいて全体をささえながら、レバーの右がわを左に動かし、えん筆をえんぴつ入れに入れる。次に全体をささえながら、レバーをはなす。最後に、えん筆をセットしてけずる。ハンドルを左に回すが、さいしょはかたい。ハンドルが軽く感じるようになったら、えん筆がけずれたことになる。片手で全体をささえながらもう一度レバーを押しながら、えん筆を抜く。

左右は見る方向によって変わります。より正確には「時計回り」という表現がよいでしょう。

作業を3段階に整理して作文を書いています。

自分がおこなったことを手順を追って説明しよう

「コボちゃん作文」「ロダン作文」を終え、説明するための基本的な技術を身につけた小学校4年生・女子の「説明書作文」です。「コボちゃん作文」「ロダン作文」をしっかり書くことができれば、「説明書作文」もほぼ問題なく書けるはずです。そしてその通り、簡潔に説明してくれました。彼女がどのようにこの作文を書き上げたのか、その過程を追ってみましょう。

彼女は、まず自分で鉛筆をけずってから鉛筆けずりの図を描き、自分なりに各部分の名前をつけました。さらに、それらの機能もかんたんに説明しました。名前とその機能をあらかじめ説明すると、使い方の記述が簡潔になります。

使い方の手順を説明する際、その部品や動かし方を細かく説明することはもちろん大切ですが、わかりやすい説明のためには同時に、一連の作業の手順をいくつかのまとまりに区切ることも必要です。この作文では、「えん筆をセットする」「えん筆をけずる」「えん筆を抜く」の3つの「手順」にわけて、作文を構成しました。

作文に慣れていない子どもは、いきなり文章を書きはじめ、その結果、わかりにくいものになってしまうことがよくあります。書く前にあらかじめメモなどをつくり、手順をまとまりに整理することが重要です。

作文を書く前にメモをつくることは面倒なことです。しかし、この過程で手順を整理し、再構成することこそ自分を客観的に見つめる練習の第一歩であるといえるのです。

ここがポイント……………指導する方がたへ

自分の行動は自分しか知らない

第1章の「コボちゃん作文」では、「マンガの内容」を人に伝える書き方を学びました。レッスン12の「宝さがし作文」や「説明書作文」では、「マンガの内容」ではなく「自分の行動」を人に伝わるように書くことがテーマです。

自分の行動は自分にしかわかりません。ところが、ほとんどの場合、子どもは「読む人はわかってくれる」という前提で作文を書きます。

そこで、自分の行動は他人にはわからないことを実感してもらうため、大人が作文を添削する際には、「わかってあげよう」という意識を捨てることが重要です。自分がロボットになったつもりで、いいかえれば「書いてあることば通りにしか行動しない」というつもりで読んでみてください。すると、情報の足らない部分が見えてきます。

流れの「区切り」を見つけよう

身の回りに電気製品などの取扱説明書があれば、それを子どもといっしょに見てみましょう。そこでは、まず各部の名称についての説明があり、ついで操作の流れ（＝手順）をいくつかにわけて説明しているはずです。

「説明書作文」でも同様です。「かくす」や「けずる」という行動自体、それぞれひとつの大きな「手順」です。しかし、その「手順」はさらにいくつかに区切られます。その「区切り」が自分だけのものではなく、読み手にとっても有効な指標、手助けとなるように文章で書き表すことが目標です。

自分の行動を分析しよう

自分の行動を他人に伝えるには、自分を観察するもう一人の自分が必要です。それには自分の行動を他人の行動のように眺め、順序だてて整理させることが必要です。つまり、自分の行動を分析的に眺めさせることが重要です。

アドバイス

情報を共有しない相手に書く

「宝さがし作文」の成り立ちについて説明します。

かつて、なかなか「コボちゃん作文」が書けない子どもがいました。マンガの内容がわからないのではありません。情報を共有しない人に向けて書く、ということがわからないのです。どうやら、その子がほんの少しのことを伝えると、周りの大人はそれを察して何でもしてあげてしまうようでした。これでは「情報を共有しない人」の意味がわからないのも無理はありません。

そこで私は、子どもに教室にある小物をどこかにかくさせ、そのありかを作文に書かせました。子どもが小物を選んでかくし、作文を書き終えるまで、私はトイレのなかでただ待っていました。

何度かこの作文をおこなううちに、子どもは「情報を共有しない人」の意味を「実感」したようでした。じつは、この「実感」ということが重要なのです。自らの体験をだれでもわかることばにすること。ここに必然的に、他者の視点が生まれます。これを展開したものが「説明書作文」です。ともにテーマは同じです。

レッスン

13

同じことをちがう考え方で書こう

ほかの人は、あなたと同じ考え方をしているとは限りません。答えはひとつでも、そこにいたるまでにはさまざまな考え方があるからです。ここでは算数の問題を使い、そのちがいを作文にしてみましょう。

問題1

「この図形の面積を求めなさい」という問題にA君とB君は、次のような回答をしました。このふたりの考え方のちがいを説明してください。

ヒント

① すぐに書きはじめずに、まずこの図形の特徴をよく見てみよう。

② 次に、A君とB君の解き方について考えてみよう。ふたりは、この図形のどこに注目して、式をつくったのだろうか。

③ ふたりの大きなちがいはどこに現れているのだろうか。

<問題>

この図形の面積を求めなさい。

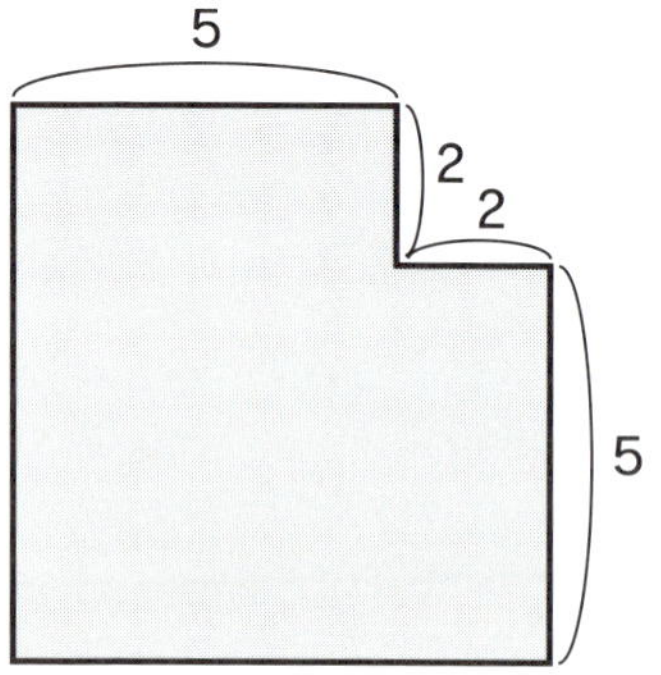

（単位：cm）

答え

______

A君の答え

$2\times5+5\times7=45cm^2$

B君の答え

$7\times7-2\times2=45cm^2$

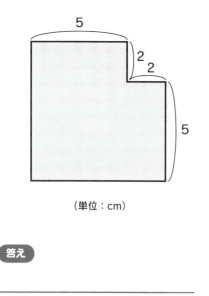

◆解答欄

（25字×12行）

◆解答例

小学校6年生・男子

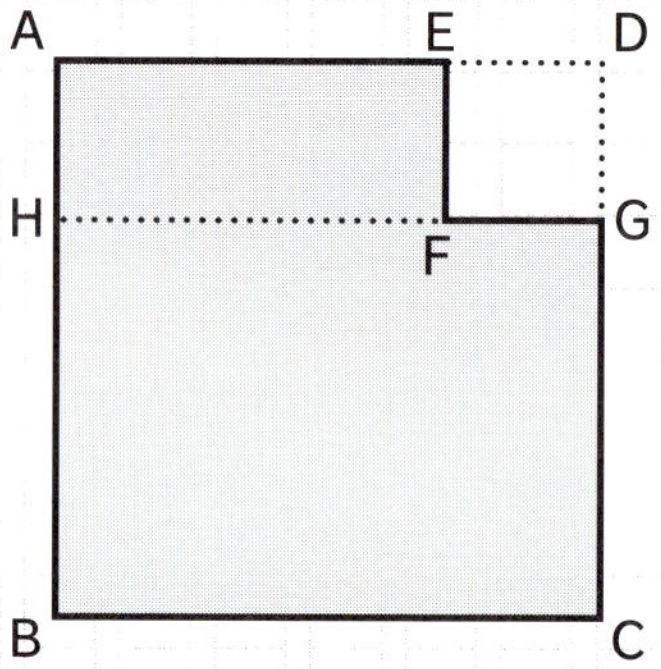

Ａ君はこの面積を求めるために長方形ＡＨＦＥと長方形ＨＢＣＧに分けた。そして、ここで求めたそれぞれの長方形の面積を合計した。こうして、図形ＡＢＣＧＦＥの面積を求めた。

Ｂ君はこの面積を求めるために補助線を引き正方形ＡＢＣＤと正方形ＥＦＧＤを作った。そして、ここで求められた正方形ＡＢＣＤの面積から正方形ＥＦＧＤの面積を引いた。こうして、図形ＡＢＣＧＦＥの面積を求めた。

Ａ君は図形をふたつの長方形に分け、それらを足したが、Ｂ君はもとの図形を正方形とし、そこから小さい正方形を引いたということである。

「いろいろな考え方」を考えてみよう

面積を求めるには、さまざまな手順があります。では、どうして求め方にこのようなちがいが出たのでしょうか。小学校6年生・男子に考えてもらいました。それが上の「図形作文」です。

かれはA君とB君の考え方のちがいを説明する前に、まず図形の頂点にアルファベットをふって全体を整理しています。長方形でも正方形でもないこの図形の面積をことばで説明するには、このような整理が必要だと考えたのです。その後、「そして」や「だから」といった接続語を巧みに使用してふたりの考え方の筋道を明快に説明し、最後の段落でそのちがいをはっきりと示そうとしています。

かれは、A君がこの図形をふたつの長方形が組み合わさってできたものだと理解したために「ふたつの長方形にわけ」たと考え、その面積を求めるために「それらを足した」と書く一方で、B君は同じ図形を、「大きな正方形」から右上の「小さな正方形」が欠けたものと理解したために、引き算をおこなったと結論づけています。

かれは、A君、B君の求め方のちがいを通して、自分の考え方をまるで目の前にある「もの」を見るように観察して、その道筋をしっかりと説明しているのです。

問題 2

つぎは一辺1センチメートルの立方体を積み上げてつくった立体です。
①この立体の体積の求め方をできるだけ多く考えてください。
②それぞれの考え方を説明し、自分にとってどの求め方がよいと思うか説明してください。

<問題>
この立方体の体積を求めなさい。

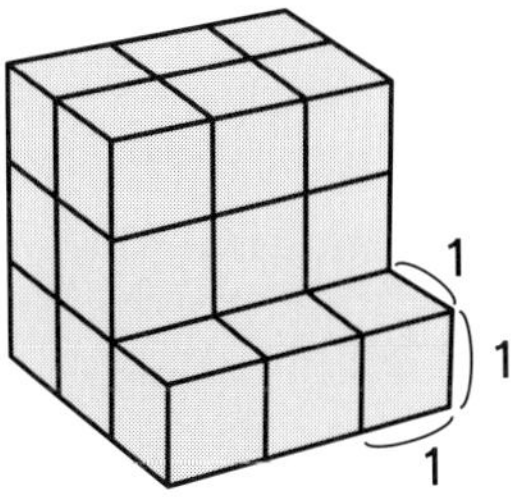

（単位：cm）

答え

______

Hints ヒント

① すぐに書きはじめずに、まずこの図形の特徴をよく見てみよう。
② 問題1を参考にしよう。
③ いくつかの求め方がある。まず、ひとつの考え方で体積を求めて作文を書いてみよう。その後、ほかの方法についても考えてみよう。
④ そのなかで、どの方法が自分にとって求めやすいかについて、その理由とともに説明してみよう。

◆解答欄

（30字×7行）

◆解答例

小学校6年生・女子

わたしの考えた ―― 求め方はほかにもあるので「私」に限定します。

この立体の体積の求め方は次の四つになる。

①3×2×3+3×1×1=21

この立体を3×2×3という大きな立体と3×1×1の小さな横にならんだふたつの立体に分けて考える。そして最後にこれらの体積を足す。

②2×2×3+3×3×1=21

2×3×2の立体と3×3×1のたてに並んだふたつの立体に分けて体積を出し、それらを最後に足す。

③1×(3×3−1×2)×3=21

この図形（立体）を横にして出来る底面積を3×3−1×2で出す。そして高さが1なのでそれをかける。この立体はそこで出た立体の体積が3つ分なので3をかける。

④3×3×3−3×1×2=21

3×3×3の大きな立方体を全体と考えて、そこから欠けた部分の3×1×2の小さな立方体を引く。

私が自分で計算するときは、これをふたつの直方体に分けて考えるとイメージし易く計算間違いをしにくいと思うから、これらの中では①がよい。

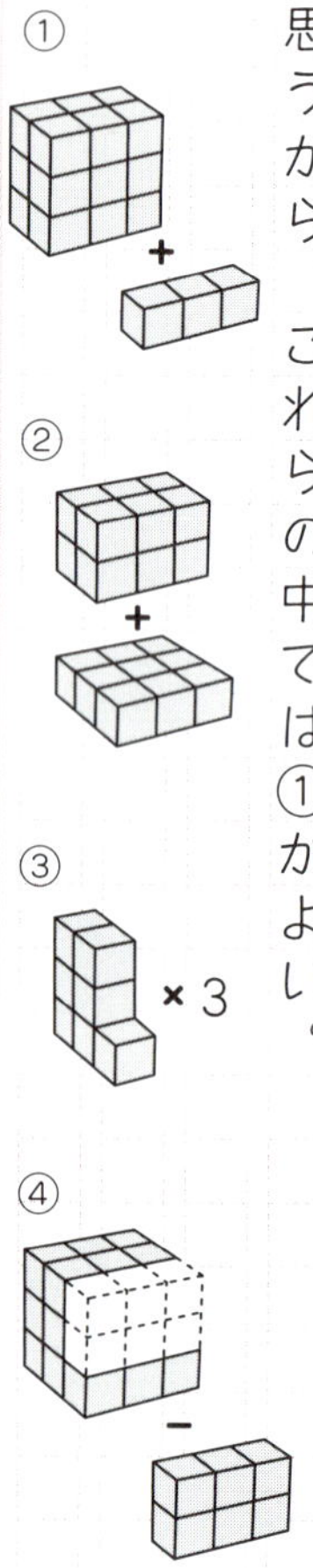

さまざまな見方で考えてみよう。

小学校6年生・女子の「図形作文」です。答えはひとつでも、それにいたるプロセスはいくつもあります。ここでは、それを検証した上で、自分なりの方法を見つけることが課題です。

彼女の考えついた求め方は4パターンです。さまざまな求め方を考え出し、それぞれをじつに明解に説明していることがわかります。冒頭で4パターン考えついたことが書かれているので、後に続く文章の構造を把握しやすくなっています。

つぎに、パターンごとに自分で考えた求め方を説明しています。

①と②　ふたつの直方体の組み合わせとして考えられています。それゆえ「足し算」という考え方が示されているのです。

③　L型の立体が3つ組み合わさったものと考えられています。結果としては「足し算」の視点は同じですが、この立体を「同じかたち」の組み合わせに整理したという点で、①と②にはなかった見方が示されているのです。

④　彼女はこれまでの求め方とは異なり、この立体を手前上が欠けた立体として考えています。ですから、全体から「引き算」をしているのです。

最後に、自分で計算をおこなう場合の方法とその理由を提示しています。

問題2でさまざまな求め方を考えてもらったのは、自分の納得できる視点を獲得することが大切だからです。他人から与えられた方法や視点が、最善のものとは限りません。自分にとっていちばん「イメージしやすい」視点を発見することが重要です。

客観的といわれる算数（数学）ですが、対象へのアプローチの仕方は、このように自分の視点が大いに関わっています。それは、自分と世界との関係を構築する第一歩となります。

ここがポイント……指導する方がたへ

図形の特徴をとらえよう

よく「特徴をとらえろ」といわれますが、その特徴とは具体的にはどのようなものでしょうか。レッスン12の「宝さがし作文」でいえば、「宝もの」のかたち・大きさ（広さ）・色・素材・質感などがそれに当たります。一方「図形作文」では、図形がどのようにつくられているかをいかにとらえるかがポイントです。

文章を読むように図形を眺めよう

文章を読むように図形を眺めさせましょう。角が欠けている、ふたつの長方形を組み合わせている、階段のような形をしている、などなど、さまざまなとらえ方があることがわかります。欠けているならば引き算、組み合わされているならば足し算というように、とらえ方こそがこれから作成する式そのものであることに気づくはずです。

つまり、ことばの代わりに数字と記号を用いて世界を記述したものが算数なのです。文章の「主題」にあたる部分が、図形の「特徴」です。算数で式をつくることは、国語で文章を要約することに等しいのです。子どもには、そのことに気づかせましょう。

自分の視点と考えの道筋を意識しよう

その図形が、いくつかの図形（立体）を組み合わせたことによってつくられたものか、ある全体から一部を削除してつくられたものか。それを認識する視点は、その人によってちがいます。つまり、「答え＝出口」はひとつでも、「入口」はいくつもあるのです。

ですから子どもには、自分がどの視点から考えはじめ、どのような道筋を通って答えにたどり着いたかを考えさせます。そして、作文を書かせるときには、その過程をだれにでもわかるような文章で説明できたかをチェックします。

アドバイス

もうひとりの自分を意識するための作文

さて、算数の教科書や参考書の「解説」にあるような「図形作文」が書けたでしょうか。解説とは、その数式がどのような根拠で成り立っているのかを説明したものです。いいかえれば、対象をどの視点から眺めたかについて説明したものということができます。算数の教科書に載っているいろいろな問題の解答を普通のことばに置きかえる練習をしてみましょう。

「コボちゃん作文」や「ロダン作文」は、主人公の考えたことを読み取り、その意味を情報を共有しない人に対して説明することを目的としています。

「図形作文」も原理は同じです。「自分」の考えたことを、さながら他人が考えたことのように観察し、その道筋を説明することを目的としています。いま自分はどこに注目して、何をどのような手順で考えているのか……。もうひとりの自分の存在を意識しなければなりません。それを意識することができてはじめて、ほんとうの意味での他者という存在が実感できるのです。

レッスン
14
五感を使って書こう

自分がいる場所や地域についての「紹介作文」や地図を書きましょう。普段見聞きしていることを、できるだけわかりやすく書きます。地図を描いたら、実際と見比べて「比較作文」を書きましょう。

問題1

いま、自分がいる部屋（教室）について、つぎの点について注意しながら説明してみましょう。

①その部屋（教室）の特徴（場所、かたちや大きさ、広さなど）

②その部屋（教室）には何があるか

③その部屋（教室）は何をするところか

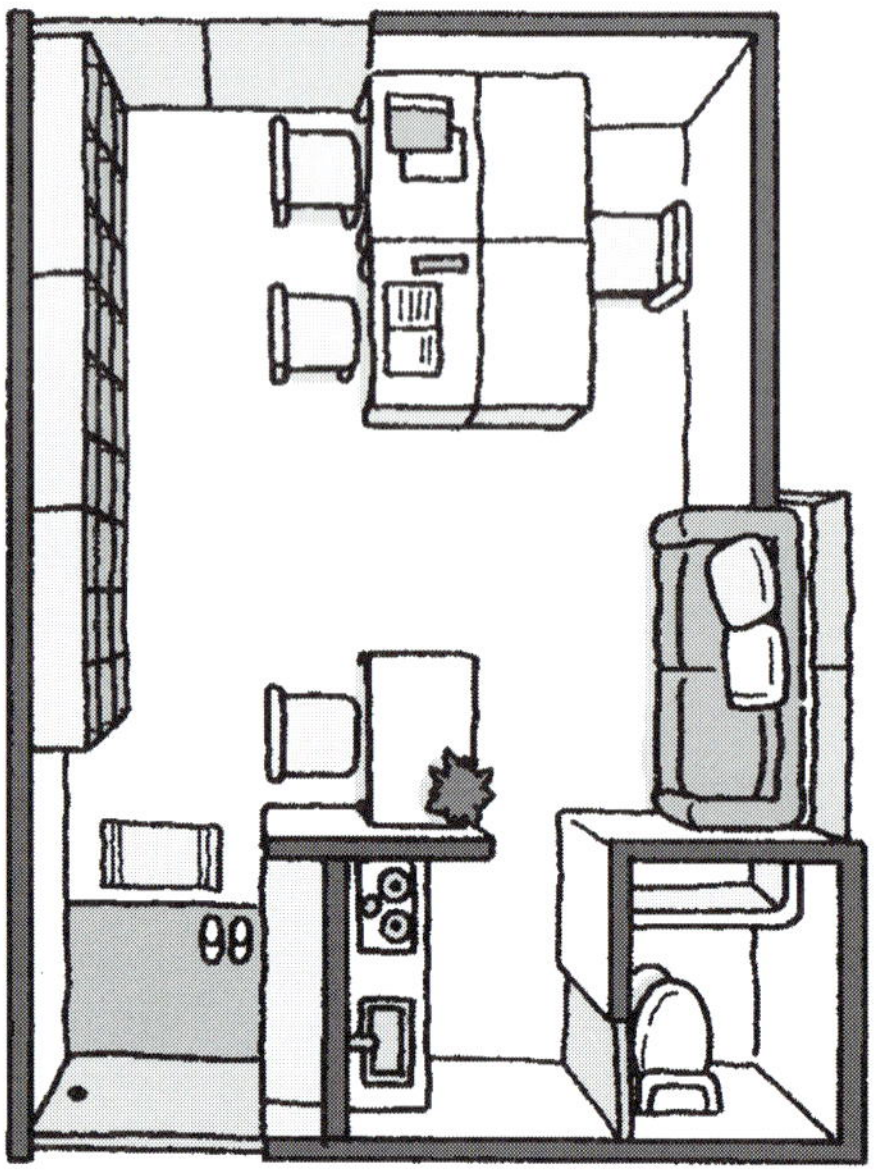

Hints
ヒント

① 実際に部屋を歩いたり、手でさわったり、自分で行動しながらメモをとってみよう。

② その部屋にあるものは何だろうか。それらはどこにどのように配置されているだろうか。

③ それらのものが置かれた空間の特徴についても説明してみよう。

④ その空間では、どんなことがおこなわれているだろう。

⑤ その空間と似た場所はあるだろうか。

◆解答欄

(25字×12行)

◆解答例

中学校2年生・男子

　国語専科教室は、T駅の近くにあり、駅に近いマンションの二〇七号室にある。二〇七号室は、洋室・トイレ・キッチンの三つの部屋で構成されている。洋室では生徒が国語の記述を四つのテーブルで勉強する。つまり、一度に四人勉強できるということだ。壁に沿って本棚が四つあり、そこにはさまざまなジャンルの本が集まっている。その中から生徒は好きな本を読むだけでなく、借りることもできる。
　夏期講習として、僕はこの教室に八日間通った。授業では主に、『小さな町の風景』の話を要約した。苦手だった、大事な部分を抜き出すことができるようになって、国語がかなり上達したと思う。

要約というものは「抜き出す」ものではありません。読み取った情報を、自分のなかで整理してまとめ、それを自分のことばで表現することです。こうした何気ない表現のなかに、じつは子どものつぎのテーマが垣間見えることもあります。

いつもの場所をあらためて意識する

国語専科教室の夏期講習を受講してくれた中学2年生・男子に書いてもらった国語専科教室の「紹介作文」です。

かれには、まず教室をすみずみまで調べてもらい、気づいたことをメモにとってもらいました。こうした課題を出すと、席についたまま、頭のなかだけで考えて作文を書いてしまう子どもがいます。いつもいる場所だから「わかっている」と考えてしまうようです。

そのような場合、「席を立って、本箱を実際に眺めてみよう」「窓際に立って自分の席を見てみよう」などと声をかけます。つまり、自分の身体や五感を使って調べさせるのです。少しだけ場所や視点を変えてみるだけでも、それまで気づかなかったことが見えてきます。

さて、かれはこうしてできたメモをもとに作文を書きました。そのため、教室が入っている建物の所在地や部屋番号、教室の間取り、教室内のものの配置から、教室で自分が何をしているのかまで、具体的に説明することができています。この作文で「国語専科教室」の場所、教室内のようす、授業の内容などは、ほぼ伝わります。

相手に伝わる文章を書くためには、自分にとっては当たり前でわかりきったことでも、具体的に、かつ客観的に書くことが重要なのです。

問題2

最寄り駅から家（教室）までの地図を描いてみましょう。自分で描いた地図を実際の地図と比較し、どこが同じでどこがちがうか説明してください。

◆解答欄

●地図

●作文

（30字×7行）

Hints ヒント

① 地図を描くときは、その場所を訪れたことのない人に対して説明する気持ちを持とう。

② 道順を思い出し、特徴的なものを書き出そう。

③ 道幅、建物や交差点などについて実際の地図と見比べ、どこが同じで、どこがちがうか考えよう。また、なぜちがってしまったか、その理由についても考えよう。

◆解答例

●頭のなかの地図

中学校2年生・男子

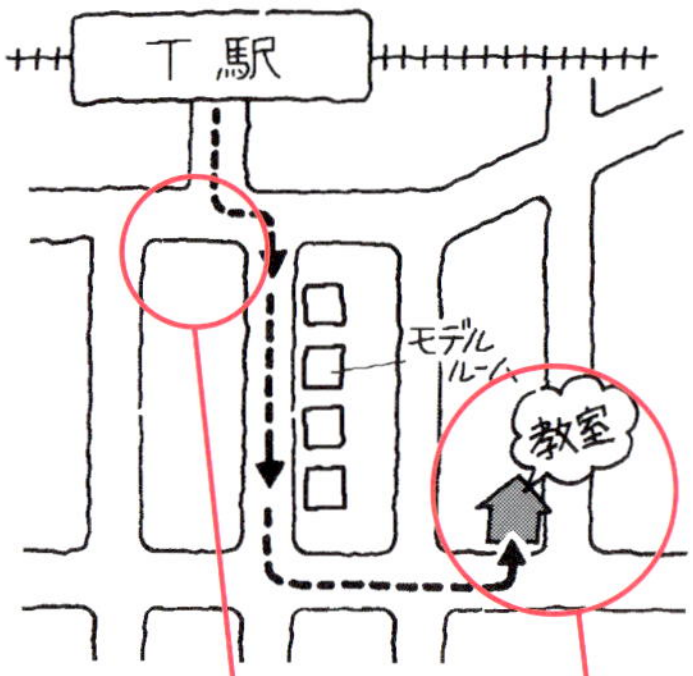

教室の位置をまちがえたため、道の長さが実際より短くなっています。そのため、地図が全体的にゆがんでしまったと分析しています。

道順を説明するならば、駅前にあるコンビニを取り上げたほうが相手に伝わります。しかし、彼は自分でも意識しないうちに、モデルルームを地図に描き込んでいます。

●実際の地図

　自分で描いた地図と、本物の地図を比較してみた。すると、その道の数や交わり方など、教室に来る上で知る必要がある大まかなことは同じだった。しかし、道の長さや幅など、細かなことが違った。
　道の長さが違うという原因を考えてみた。実際には、教室があるマンションのとなりには駐車場があるのだが、ぼくはそれに気づかなかった。駐車場への入り口を曲がり角だと思っていたのだ。マンションは、ほんとうは道の途中に建っているのに、曲がり角に建っていると勘違いしていたのだ。このような理由で、マンションの位置と道の長さが違ってしまい、地図全体がゆがんでしまったのだ。
　また、この地図を描くことによって、自分が、教室に来る途中にあるモデルルームをよく見ていたことに気づいた。それは、以前、家族とそこに見学にいったことがあったからだ。今回、この作文を書くことで、そのことを思い出した。これによって、人は思い出がある場所を目印として地図を描くということが分かった。

案内図は地図の要約

一般の地図は、道路の数や幅、距離、曲がり具合、方角のほか、主要な施設の名前や位置、形などが正確に記されているため、多目的に使えます。しかし、案内図を描く場合、目的地までの「道順」をわかりやすく伝えることが第一です。したがって、道幅や途中の主要施設の正確さよりも、要所に立つ建物（看板や樹木など）の特徴を記したほうがよい場合もあります。

この地図は、矢印を描くなど「道順」を意識しています。しかし、駅を降りてどの道を歩けばよいか、どこで左に曲がればよいかなど、要所で目安となる建物などを描けば、さらにわかりやすいものになったでしょう。また、教室の入っている建物の特徴を知らせる記述（一階に歯科医院があります）があれば、相手に与える安心感はとても大きくなります。

ちがいの原因を分析する

中学校2年生・男子の「比較作文」です。自分で描いた地図と本物の地図を見比べ、どこが同じでどこがちがったか、ちがった原因は何かを説明しています。

また、普段から駅前の風景や途中のモデルルームをよく見ている事実と、その理由が書かれています。いつも自分が何を見ているのかを思い出し、その理由について分析した結果です。

私たちが無意識に目にするもの、それらは私たち自身を表しているといえます。それを自覚的に見直すことで、普段は意識していない自分の一面に気づいたのです。

ここでは作文例をひとつしかあげていませんが、複数の子どもが教室までの地図を描いた場合、それぞれちがう地図ができるはずです。なぜちがいが出るのかを考えるのもよいでしょう。

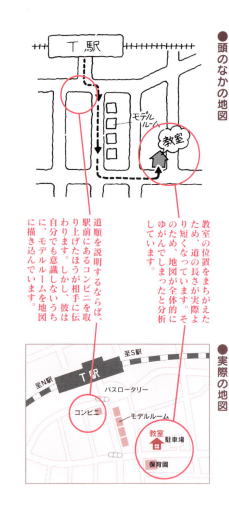

ここがポイント……指導する方がたへ

見落しに気づこう

いつもいる場所、いつも通る道について書くのですから、一見かんたんな問題のように思えます。しかし、だからこそ、見落としている事柄が多いことに気づかせます。見ているようで見ていないのです。ここでは、当たり前のように思っていることを、もう一度見直すことが求められます。そこをはじめて訪れる人のようになって見る、あるいは友だちにその場所を説明する気持ちになって見るようにうながすことが大切です。

その地図で本当に伝わるのかを考えよう

「空間」はだれにとっても等しい存在だと考えられています。つまり、レッスン13の図形のように、数学的で客観的なものだとされているのです。しかし「空間」は、私たち個人の行動や思考を通して経験される主観的なものでもあります。

たとえば交差点にはほんとうは○○銀行があるのに、思いこみでよくいく書店を描いてしまったとすれば、「空間」の客観的な記述としてはまちがっています。しかし、本人はそのように「空間」を把握している、ということも事実です。

地図を描かせる前には、その情報でほんとうに他人に伝わるのかを疑う必要があることを子どもに伝えます。そうすることで、主観的な情報が整理され、次第に他人に伝わるものになっていくからです。

メモをとらせそれをもとに話し合おう

「比較作文」で自分で描いた地図とほんものの地図のちがいをしっかり対比しながら説明させるためには、いきなり原稿用紙に向かわせず、気づいた点をメモにとらせることが重要です。たとえば、「同じところ」「ちがうところ」「その理由」などといった項目を、ふたつを比べる前にあらかじめ伝えておきましょう。そして、ちがいがあってもその理由がわからないときなどには、実際に現場に出かけ、もう一度観察してもらいます。さらに、メモをもとに話し合い、なぜそう考えたのか「理由」を追求することなども必要です。

アドバイス

「空間」の記述は自分を客観的に観察する練習

実際の地図と比べて、自分で描いた地図は、道幅が広すぎたり、距離が異なっていたりしたはずです。これは、いわゆる「空間」が客観的なものだけではない、ということを表しています。

いつもの道のりが長く感じる、あるいは短く感じるということはないでしょうか。それは、そのときどきの気持ちの反映です。また、自分の興味のあるものはよく覚えているが、そうでないものは覚えていないこともよくあります。自分の身長によっても「空間」の認識は変わります。

このように、「空間」は計算で求められる客観的なものであると同時に、自分のなかから立ち上がる主観的なものでもあるわけです。

「比較作文」では、自分の思考と行動、そしてそのふたつの舞台である「空間」について作文を書くことを通して、「自分を客観的に見る」練習をしてきたといえます。このことが自己と他者の関係や、さまざまなジャンルを横断して共通する「論理」を理解することにつながっていくのです。

チャレンジ

4

もののしくみを考えよう

問題

図のように、板を組み合わせてつくった机があります。あなたが使うとすれば、AとBのうちどちらの机を選びますか。あなたの答えとその理由を書いてください。

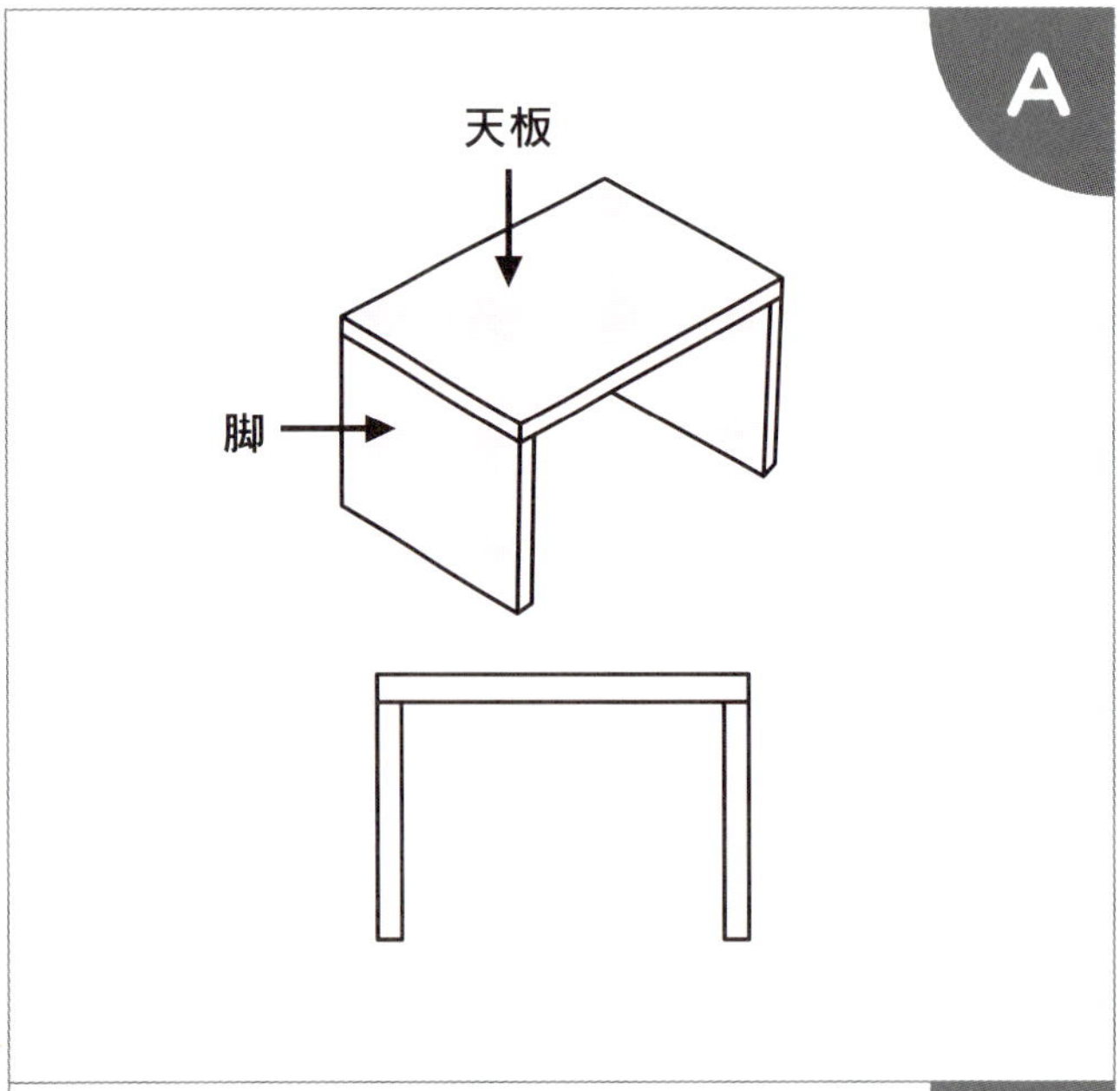

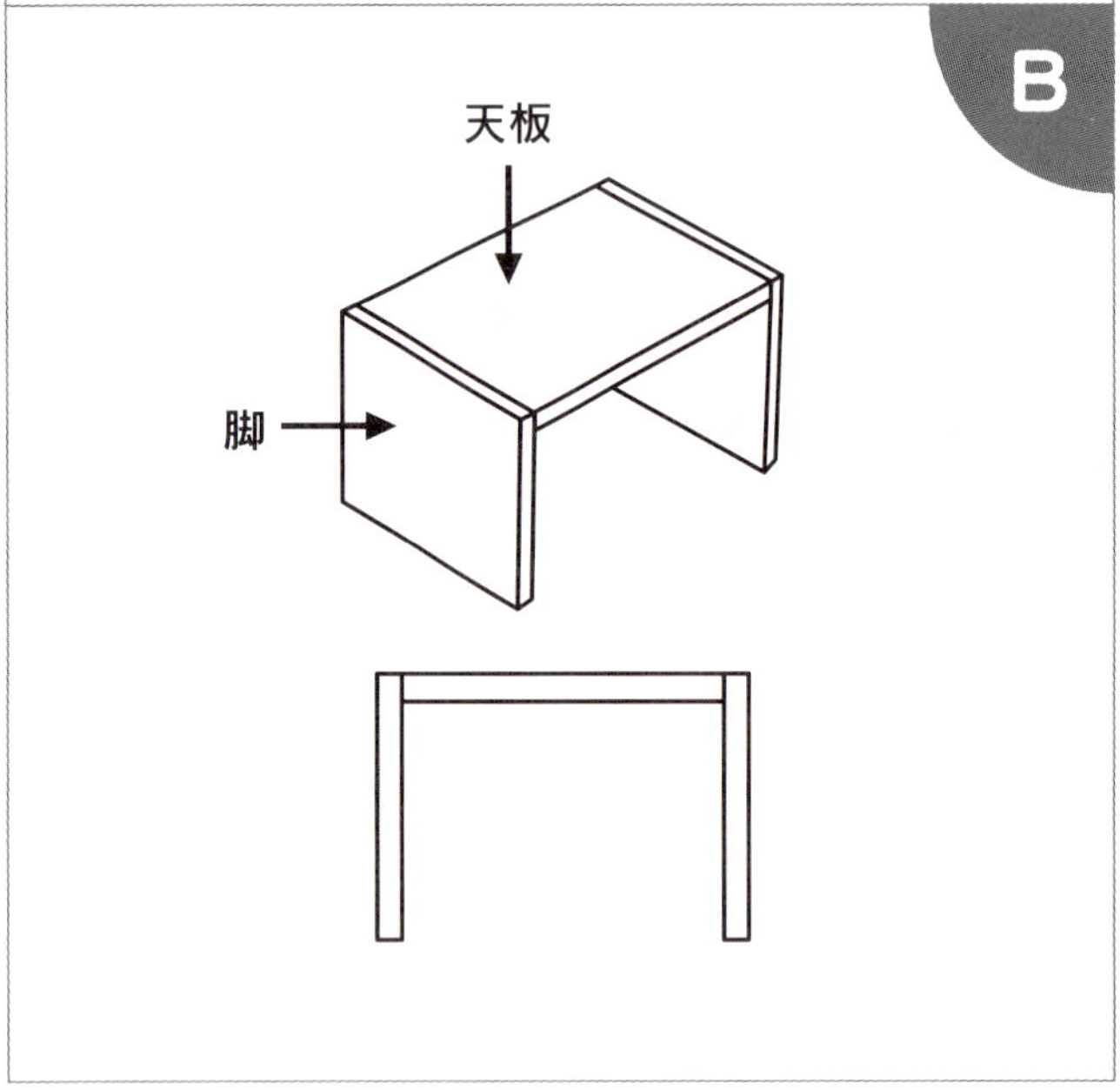

Hints

ヒント

① まず先入観を持たずに、第一印象で選んでみよう。

② つぎに、AとBが、それぞれどのようにつくられているか、その特徴を考えてみよう。そのとき、身の回りの机やテーブルがどのようなつくりになっているかも確かめてみよう。

③ 机はどのような使い方をするのか考えてみよう。

④ ②と③から、もう一度、どちらがよいか考えてみよう。

◆解答欄

(25字×12行)

◆解答例

小学校5年生・女子

私はAの机を選びます。理由は、AはBに比べて、物を置いたときに、天板が落ちる可能性が低いと思うからです。

Aの机は、脚の上に天板が乗っています。今、私が使っている机も、Aのようなつくりをしています。それに対してBの机は、天板が脚の間にはさまれたつくりになっています。

机は、物を置いたり、勉強をしたりするときに使うものです。だから、Bの机は、物を置いたときに、重さにたえられずに天板が落ちてしまう可能性が高いと思えるからです。

感覚を論理的に確かめる

この図を見せると、ほとんどの人がパッと見ただけでAを選びます。「なんとなくAのほうが安心感、安定感がありそう。Bは天板が落ちそう」という印象を抱くのです。それ自体はまったく正しい判断です。重要なのは「なんとなく」という「感覚」だけで終わらせずに、「なぜその感覚が立ち上がってくるのか」を論理的に突きつめることです。それをするのがこの項目の目的です。

この作文を書いた5年生のAさんは、ヒントに即してメモをとり、実際に教室にある机のつくりをつぶさに観察しました。さらに机の用途を考えた上で、第一印象の正しさを説明したのです。

じつは、こうした観察の手順がわからないため、その「なぜそう思ったのか」をうまく説明できないことが意外と多いのです。「ヒント」は、感覚を論理的に整理する手助けになっています。この手順を自分のものにすることが大切です。

発展問題
4

図のように、板でつくった本箱があります。あなたが選ぶとすれば、どちらの本箱を選びますか。その理由を書いてください。またチャレンジ問題でおこなった机の問題とこの本棚の問題を比べ、気づいたことを書いてください。

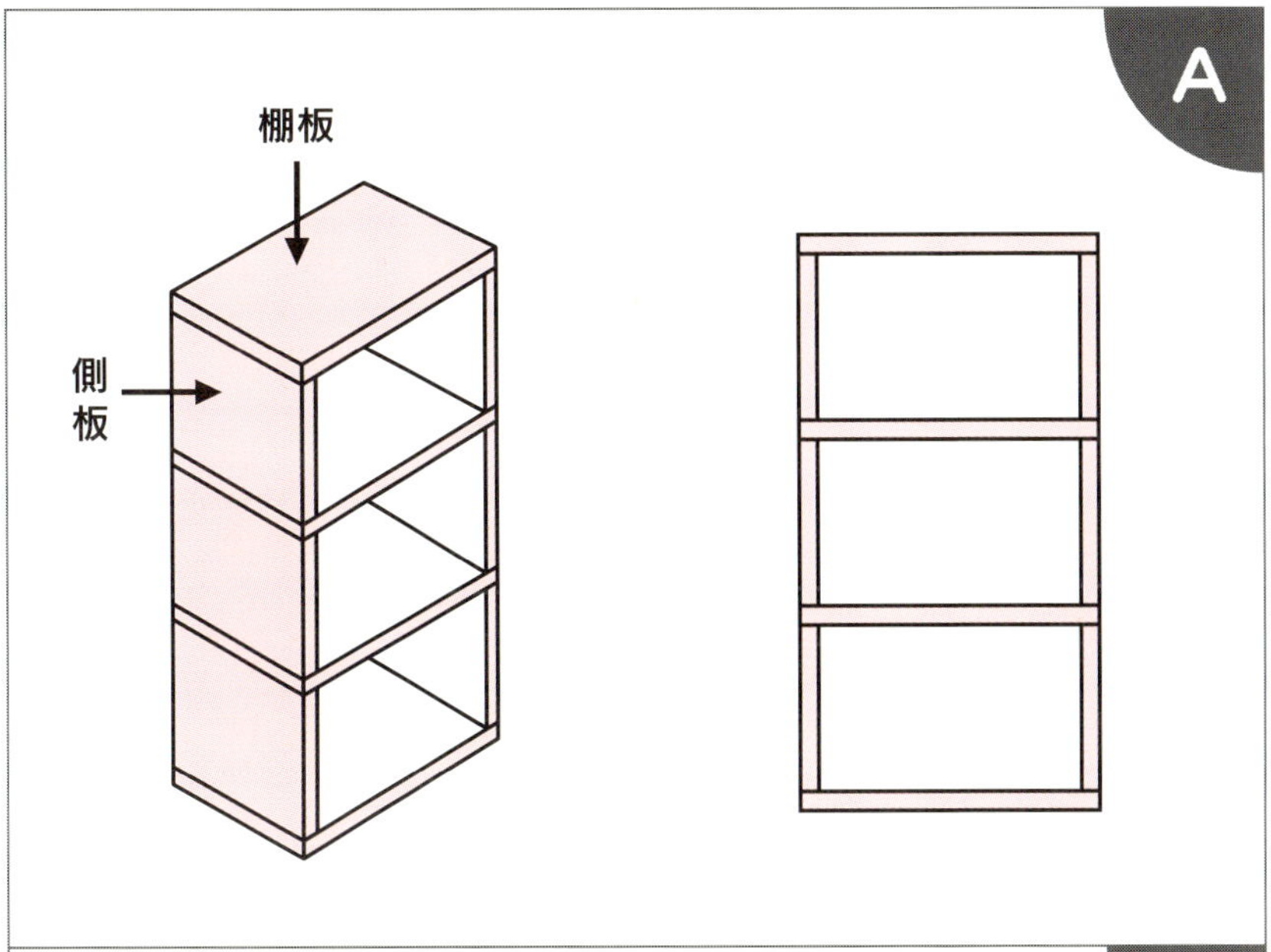

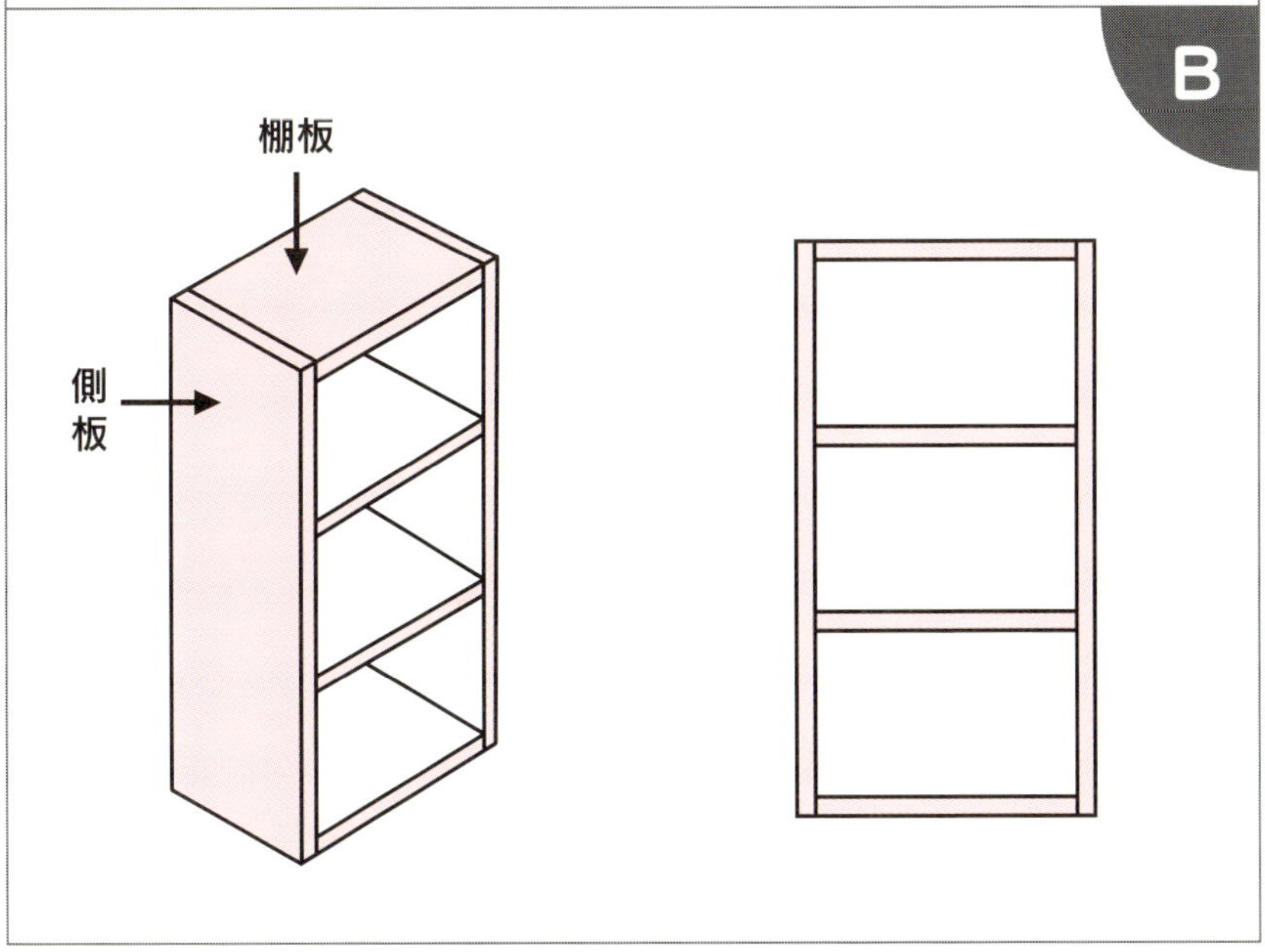

解答例は
140ページ

コラム 4

ワークショップからことばが生まれる

国語専科教室では、通常の授業とは別に「ワークショップ作文」をおこなっています。

室内でおこなったものとしては、「比較作文」（デジタル時計とアナログ時計など、似て非なるものを比較して記述する）、「引き出し作文」（引き出しの中身を机の上でひっくり返し、それをことばで分類させる）、「観察作文」（あるものをじっくりと観察して作文を書く）、などがあります。

あるいは、楽器をつくり、そのつくり方や演奏方法を記述するもの、科学館で展示を体験して、なぜそれがおもしろかったのか、その理由を科学的に分析しながら作文にするもの、などがあります。

一般的に、ワークショップはいつもと異なる体験をすること自体が目的となります。しかし国語専科教室では、その体験を作文にすることを目的としています。目の前の現実を記述すること。また、自らの体験を振り返り、それを言語化すること。それは見方を変えれば、自分自身が現実という場で主人公となることでもあります。自分という主人公が、どのような場面で、どんなできごとに遭遇し、それまでの自分とはどう異なる自分になったか。それを言語化することを通して意識にのぼらせることが重要だからです。

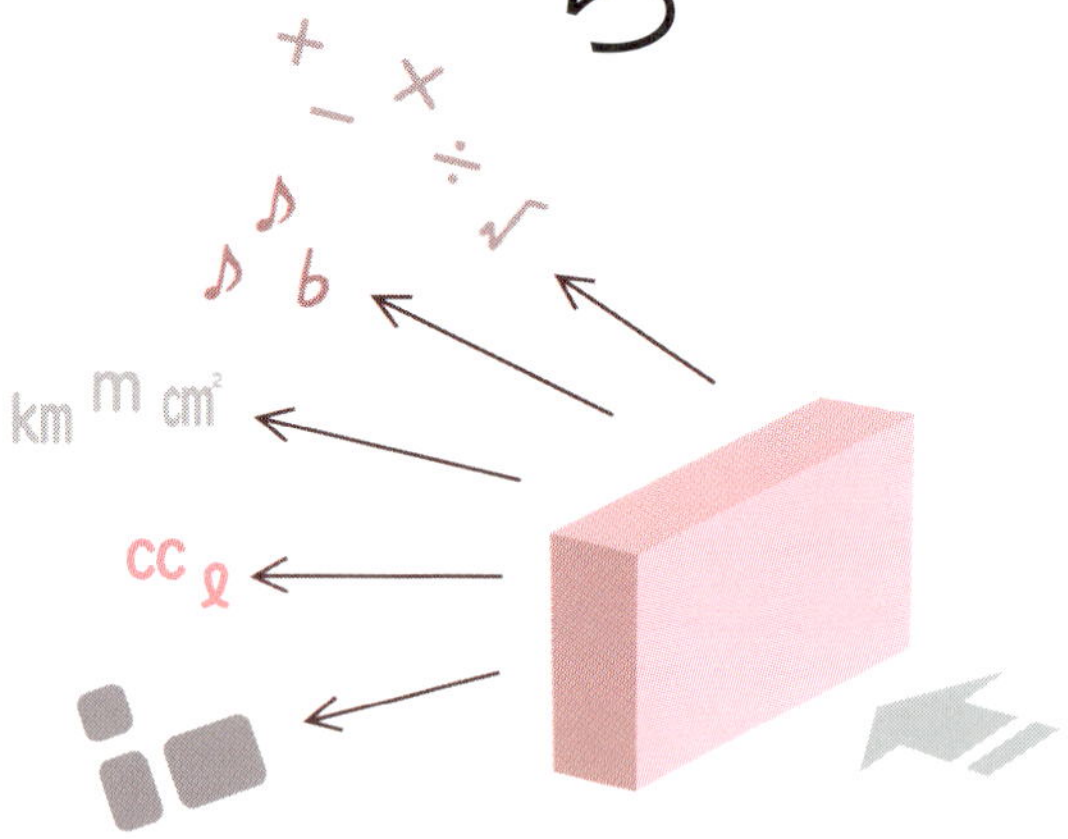

じつは、それはこの章の目的とも重なります。理科的な観察や数学的な分析、あるいは楽器のつくり方、鉛筆けずりの使い方など、一見、「国語」とは関係がないように思うかもしれません。しかし、こうした「分野」の垣根を越えて、それらを総合的にとらえる方法を伝えることこそ現在の「国語」に求められていることのように思えます。その方法のひとつとして、「ワークショップ作文」があるのです。

数学や科学、芸術も、文学と同様、世界を把握し記述する方法のひとつです。自分の体で世界を体験し、体験している自分自身を観察することは国語と同じだからです。ただ、それをどのような手段で記述するかのちがいで、数学や科学といった分野に枝分かれしていくのです。

もちろん、観察や分析は、それだけでは創造的な活動ではありません。しかし、それを言語化することを通して、知らず知らずのうちに自分なりの視点が獲得されていくことに気づきます。そこではじめて観察が創造に転化します。なぜなら、それはその人独自の世界へのまなざしだからです。

第5章

意見文や小論文を書く

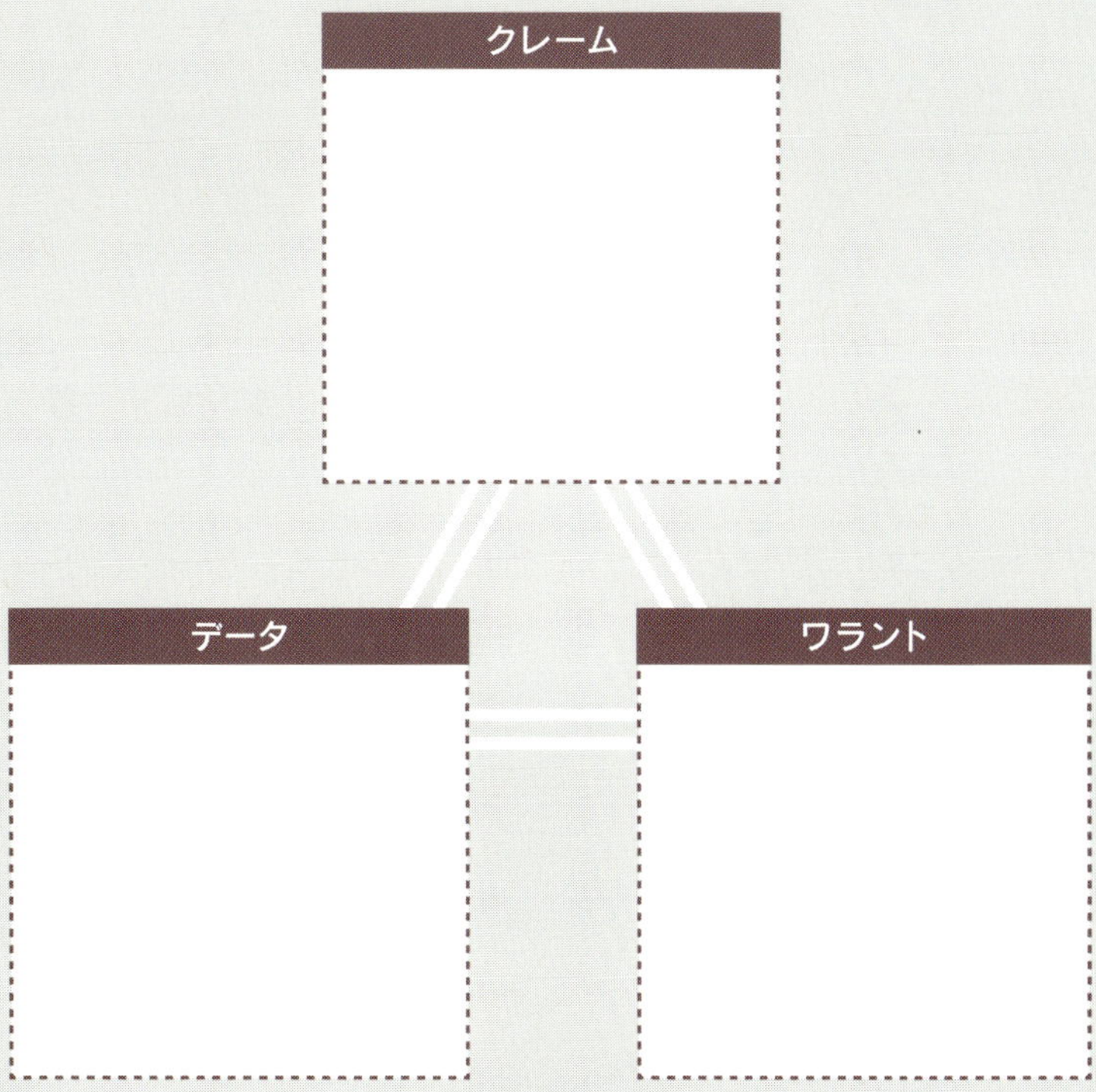

三角ロジックを使って
論理的で説得力のある意見文を書いてみよう。
意見作文シートを使って
多角的な視点から、本格的な小論文に挑戦しよう。

ねらい	論証する	教材	三角ロジック

レッスン15

「考えるシート」を使って書こう

身近な問題について「考えるシート」を使って作文を書いてみましょう。「考えるシート」を使えば、人が考えるときに頭のなかで起こっていることを、だれもが目で見てたどれるようになります。

問題

「私にとって大切なもの」を「考えるシート」を使っていろいろな方向から考えましょう。自分の考えが整理できたら、４００〜６００字で作文を書いてみましょう。

考えるシート

タイトル

名前

①いいかえる	②整理し、分類する	③比べる――何が同じで何がちがうか
⑦それに対する思い・感情	⑧うたがう（なぜか）	⑨サングラスを意識する

ヒント

●考えるシートの使い方

「考えるシート」は、基本的に、どんな題材を提示されても、自分なりの考えを展開して作文を書けるようにつくられています。このシートは、自分で考えて書く基本を身につけるための羅針盤です。

「考えるシート」を見ると、まずタイトル欄、名前欄があります。それぞれ題材、名前を記入します。

つづいて、①から⑫まで12の項目欄があります。これは、「考える」とはどういうことかを表したものです。「考えなさい」といきなりいわれても、はじめのうちはどう考えたらよいのかわからないものですが、このように具体的に方法や道筋を示すことで、考え

④具体と抽象	⑩もしも
⑤新しいお話をつくる	⑪逆にしてみる
⑥たとえる	⑫全体と部分

どれを使うか　○○○○

どの順番で使うか　○→○→○→○

もっとくわしく書きたいところ

ほかに気づくこと

まとめ・いちばんいいたいこと

やすくなります。

① 別のことばを使って表現しよう。

② テーマに関係するいくつかのアイデアの共通項をカッコでくくって分類しよう。

③ さまざまな考えの共通点と相違点を比べよう。

④ 具体的な事例と一般的、抽象的な概念のあいだを往復しながら考えよう。

⑤ これまで語られてこなかった新しいストーリーをつくろう。

⑥ 題材についていろいろなたとえで表してみよう。

⑦ 題材に対する自分の感情をたしかめよう。

⑧ なぜ？ なぜ？ と問いかけよう。

⑨ 題材について固定観念や思いこみや偏見はないか調べよう。

⑩ 「もしも～なら」ということばを使ってさまざまな状況を仮定しよう。

⑪ 題材や題材について自分が思い描いている結論と逆の立場を想定しよう。

⑫ スポーツのなかのサッカー、世界のなかの日本……というように、全体と部分を対応づけて考えよう。

　最後に「まとめ・いちばんいいたいこと」欄に、結論を一文で書きます。論点がぶれず、明確な文章を書けるようになります。

◆解答欄

(25字×12行)

◆書き込み例

考えるシート　中学校1年生・女子

タイトル　私にとって大切なもの

名前　田辺　由紀

①いいかえる（↑私にとってテーマの答えとは…）

味方でも敵でもある壁

この違いが良いことを説明（②へ）

壁にポイントを置く（理想とは違う）

③へ

②整理し、分類する

プラス＋面：乗り越えた時の達成感が次のやる気を引き出す。乗り越えた分、自信や力がつく。

マイナス－面：乗り越えられない時のつらさが自己否定や嫌悪につながり、やる気がなくなる。

つらさと喜びの両方を味わうことで自分が磨かれて強くなれる。

③比べる ―― 何が同じで何がちがうか（越えられない（①壁 ②理想））

①＝②：両方とも試練であり、目標にするものでもある。つまり、越えられない（づらい）ものである。

①≠②：よく「理想と現実の差に苦しむ」などというように、理想はあくまでも空想。しかし壁は現実。その差は大きいはずだ。

④具体と抽象　壁とは…（抽象から具体へ　→私なりに）

抽象
・苦手なこと
・いくらやっても上達（成長）しないこと
・人同士

↓

具象
・球技、難しい問題
・読書に集中すること、製図
・友達関係↓私の少し強い性格をやわらかくすること

⑤新しいお話をつくる

⑥たとえる　壁を登山に例えると……

登り出し	坂の始まり	中腹	山頂	下山
やる気	少しやる気をなくす、つかれる	とてもつかれ大変に。苦しい	達成感、満足感など。晴ればれ	次のやる気「楽しかったな」
やり始め	序盤	中盤	達成	その後

上から　上へ

⑦それに対する思い・感情　「壁」があることにより……

壁が私を育ててくれたと思うことが最近増えた。そしてそう感じられるようになった。

成長したと言われた↓感謝し、自信を持てた。うれしい。

⑧うたがう（なぜか）

「なぜ壁は人を成長させるのか」↑②の上段より説明

⑨サングラスを意識する　↓今回は意識せず。

「私にとって大切なもの」なので、あえて主観に従う。自分の考えにより自分が成り立つので…。

⑩もしも

⑪逆にしてみる

「もしも壁のない人生だったら」ちょっとした小石につまずいただけでも起きあがれない。つまり、心が弱い人になってしまう。何もかもが怖くて進むことができなくなる。つらさを知らない冷たい人になってしまう。いつか自分に飽きる。

⑫全体と部分

⑩と類似してしまうので空で。（これもあえて）

どれを使うか　⑥以外はできるだけ使ってみる。

どの順番で使うか　①→○→○→⑦　そのときどきで。

もっとくわしく書きたいところ

⑦…「まとめ」なので、今までのことを受けて、これからの「壁」についても少しふれてみる。

ほかに気づくこと

まとめ・いちばんいいたいこと

「考えるシート」への書き込みで思考が刺激される

中学1年生・女子の書き込み例です。12項目のうち10項目を活用していますが、1、2項目を埋めるだけでもかまいません。自分にとって書きやすいところから埋めていきましょう。

① いいかえる

「私にとって大切なもの」という題材を「壁」にいいかえ、それが味方と敵の二面性を持つことを意識しています。

② 整理し、分類する

大切なものである「壁」を、プラス面とマイナス面に分けています。それぞれの性質を分類、整理し、そのふたつの面があいまって自分に何をもたらしてくれるのかを認識しています。

③ 比べる

「壁」と「理想」の共通点と相違点を比較、検討しています。

④ 具体と抽象

「壁」という抽象的概念を、具体的な例に置きかえています。球技や製図や友人関係など具体例を出すことで、題材を彼女の生活に引きつけて考えはじめています。

⑥ たとえる

「壁」を登山にたとえ、登り出し→坂の始まり→中腹→山頂→下山といった行程を自分の内的変化と対応させています。

⑦ それに対する思い・感情

壁に対する「感謝」という感情が表れます。

⑧ うたがう

壁が人を成長させる理由について問いかけています。

⑨ サングラスを意識する

あえて自分の主観にしたがうことを宣言しています。

⑪ 逆にしてみる

「壁」のある現実に対し、「壁」のない世界を想像しています。

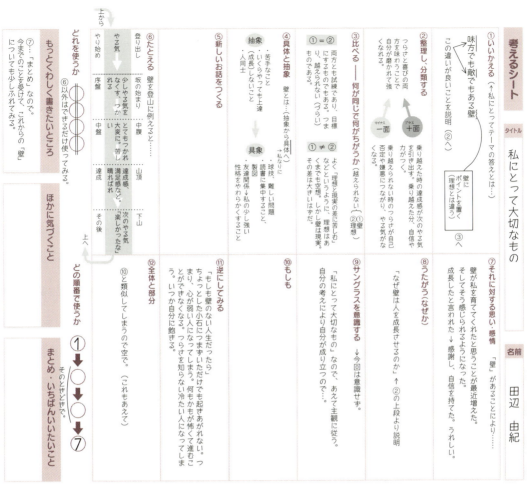

　中学校1年生・女子

私にとって大切な物は壁だ。壁は人を不安にさせるから敵であるような気もするが、壁を乗り越えた時の達成感は次のやる気を生むので結局は人の味方になっている。また、壁の無い人生でも平凡に暮らせると言う人も居るが、壁が無いと少しのことにもつまずいてしまう、心の弱く冷たい人になってしまうのだ。だから、壁が自分たちを待っているという未来があるのは当然であり、私は毎日壁と戦い成長していくのだろう。

感情を掘り下げて新たな自分を発見する

もともと1200字程度で書いた作文を簡潔に書き直すことでできたのがこの作文です。伝えたいことが素直に伝わってきます。

ただ基礎力のある子どもが、できすぎた作文ばかりを書くようになったら注意が必要です。そうした場合、子どもがさらに自分の「壁」を乗り越えるためには、「考えるシート」の⑦、つまり感情の部分に焦点を当てるのが有効です。

作文例では「感謝」ということばで自分の感情をまとめていますが、「壁」を乗り越えられないときにイライラしたり、焦りを感じたりすることはないでしょうか。

このように、感情を掘り下げていくことで、それまで自分でも気づかなかった部分にまで足を踏み入れられるかもしれません。

論説文では通常、題材に対する個人的な思いや感情に焦点が当てられることはありませんが、「考えるシート」に「それに対する思い・感情」の項目が取り入れられているのは、作文を通じて新たな自分を発見してほしいという意図も含まれているのです。

ここがポイント……………指導する方がたへ

興味の持てる題材を選ぼう

「考えるシート」を使って作文練習をする際に、まず大切なのが題材の選び方です。個人指導が可能な環境であれば、子どもと話し合い、本人が興味を持てるテーマを選定するのがよいでしょう。「いまの私がいちばん興味を持っていること」というようなありふれた題材であっても、「考えるシート」を用いることで、新しい発見があることと思います。

項目は書きやすいところから埋めよう

シートを作成するときは、生徒の個性やレベルに応じて、書きやすい項目から埋めさせるのがよいでしょう。シートはあくまでも自分の考えを整理したり、イメージを広げるための補助的役割を果たすものであり、シートを埋めること自体が目的ではないことをあらかじめ説明するのがよいでしょう。

項目についての説明は具体例を示しながらおこなおう

12の項目について子どもに説明する場合、一度にすべて説明しようとすると時間がかかりすぎます。まず①～④くらいまでを、題材に即して具体例を挙げながら説明しましょう。子どもがそれ以外の項目に関心を示した場合には、その項目の説明もします。12の項目以外に使いやすい切り口があれば、自由につけ加えてかまいません。

くり返し使って書こう

一度きりで終わりではなく、くり返し「考えるシート」を使用することで、子どもが少しずつその使い方を理解していくような指導ができれば理想的です。どんなテーマを与えられても、自分なりの意見を展開できるようになれば、このシートを使用した成果はあったといえるでしょう。

「考えるシート」の補助なしに作文が書けるようになったときには、子どもの論理力、発想力、構成力、創造力といったさまざまな力が多面的に向上していることでしょう。

アドバイス

「考えるシート」の上手な使い方

「考えるシート」を用いて作文能力を磨いた子どもが、シートについてつぎのように書きました。

「この『考えるシート』は、自分の中にある作文能力を充分に引き出してくれて、自然と作文全体の構成を考えることのできるとても良いシートだと思う。しかし、このシートを使えば絶対に作文が美しくなるとはいえないと思う。なぜならこのシートを意識しすぎると、文章が機械的になりレポートのようになってしまうからだ。

したがって『考えるシート』に頼りすぎず、作文に使える材料を書き出し、矢印や線などでわかりやすくまとめたら、あとは自分の好きなように個性を活かして表現し、『人に伝える』ことを重視した作文を書けば完璧だろう。」（中学校1年生・女子）

現在彼女は、どんなテーマを与えられてもその場で自分なりの見解を文章化できます。「考えるシート」を用いた作文練習では、構成力、発想力、論理力などとともに、ひとつのテーマを多様な切り口から検討し、自分なりの回答を出す柔軟な対応力を身につけることがもっとも重要です。

レッスン
16

「考えるシート」の「具体と抽象」を使って作文を書こう

具体化と抽象化は、意見文を書く際にも役立つ方法です。具体と抽象の間を往復しながらテーマをとらえる力を身につけましょう。

問題

つぎのマンガを読んで、考えたことを200字程度で書きましょう。その際、レッスン15で取り上げた「考えるシート」の「具体と抽象」を使いましょう。

Hints ヒント

●「考えるシート」の「具体と抽象」を使う

① マンガの内容を、それを読んでない人にもわかるように書いてみよう（レッスン2参照）。

② このマンガのまとめとなる一文を考えよう。それが中心文（レッスン11参照）だ。①で書いた具体的な内容を、「つまり」や「このように」などのことばを使って抽象化して考えるとまとめやすい。

つぎに、中心文を一言にまとめて、テーマを見つけよう。

③ ②で見つけたテーマや中心文にあった具体例を、自分の体験からさがして書こう。体験例が思いつかなければ、本や新聞、テレビなどで知ったこ

とでもかまわない。

④ ①～③を使って、意見文にまとめよう。

◆解答欄

①マンガの内容

②マンガの中心文とテーマ

中心文：

テーマ：

③具体例

(25字×12行)

◆ **解答例** ✎　中学校1年生・女子

①マンガの内容

ある日、コボちゃんがたなの上にあるぬいぐるみを取ろうとしていた。ところが、なかなか手が届かず、ぬいぐるみの横にあった花びんを落としてしまった。それを見たお母さんは、とっさにスポーツ選手のように飛び込んでその花びんを受け止めた。実は、その花びんにはお母さんのへそくりが入っていたのだ。

②マンガの中心文とテーマ

中心文：
人はピンチになると、実力以上の力を発揮できる。

テーマ：
火事場の馬鹿力

③具体例

いつも途中で間違えていた曲を、ピアノの発表会の当日、初めて間違えずにきちんと弾けた。

具体と抽象を往復して考える

① ①作文を書く前に、まずマンガの内容を簡潔にまとめます。

② つづいて、その内容を一般化、抽象化して一文（中心文）にまとめます。このとき、「つまり」「このように」などの接続詞を使って考えると、中心文を導きやすくなります。解答例では、マンガの内容を「人はピンチになると、実力以上の力を発揮できる」と一般的な事柄にまとめたあと、それを「火事場の馬鹿力」という一言で表して、テーマとしました。

③ 最後に、自分の体験をふり返って、テーマや中心文に合った具体例を書き出します。解答例では、ピアノ発表会のときの生徒自身の体験を例に挙げています。直接体験がない場合や、体験しようのないテーマの場合は、間接的な体験（伝聞）でもかまいません。ときには、本や新聞などで知り得た事実を提示することによって、より社会的な視点から意見を述べることもできます。

④ このように、具体と抽象をいききすることで、意見文の基本を練習することができます。

また、題材がマンガでなくイラストや写真であったとしても、まず、そこに描かれていることを具体的にまとめます。つぎに、それらをもとにテーマを考えます。

こうした手法は、題材が文章であっても有効です。もちろん、テーマは、題材のどこに注目するかによって異なってくるはずです。全員が、同じテーマに行き着く必要はありません。

　人はピンチになると、実力以上の力を発揮することがある。コボちゃんのお母さんがスポーツ選手のように、とっさに自分のへそくりの入った花びんを受け止めたところにもそれが表れている。私もピアノ発表会のときに、思わぬ力が発揮できた経験がある。それまでいくら練習しても途中でつかえていた課題曲を、本番当日、初めて一曲通して弾くことができたのだ。その時、私は、人は後がない状況に陥ると不思議な力を発揮するのだと感じた。

テーマを見つけて書く

「火事場の馬鹿力」というテーマそのものは、作文には直接書かれていません。しかし、中心文や具体例は、すべてそのテーマに関連したものとなっています。このように、ヒントで示した手順にしたがって具体と抽象をいききすることで、テーマをとらえた説得力のある意見文を書くことができます。

まず中心文を書く

考えるときは、マンガの内容を文章に表すことからはじめましたが、それをもとに意見文を書くときは、まず中心文を書き、続けて、マンガの内容や自分の体験例を書くと、よりわかりやすい文章になります。作文例では、中心文を言いかえながら、最後にもう一度まとめの文を書いています。

ここがポイント……指導する方がたへ

テーマを見つける力をつける

「意見文を書きなさい」といきなり言われても、何について書けばよいのか見当がつかないものです。意見文を書くことに慣れるまでは、マンガやイラスト、写真などの題材から具体的にわかることを書き出し、そこからテーマを見つける練習をしてみましょう。テーマは通常、目には見えません。ですから、それを見つけるためには、具体的な事柄を一般的、抽象的にとらえなおす力が必要です。

そのために、レッスン16では、題材のまとめとなる中心文をつくり、それをもとにしてテーマを見つける練習をしました。

抽象化に慣れる

抽象化とは、たとえば、鉛筆や消しゴム、定規、コンパスなどを見て、それらをまとめて言い表す「文房具」という言葉を思い浮かべる、といったような作業のことです。こうした作業を、単語ではなく、文や文章の単位でおこなっていくことで、自分の考えや意見を作文にすることができます。

テーマに適した具体例を見つける

マンガを読み、抽象化の作業を通してテーマを見つけることができれば、今度は、そのテーマに適した具体例を自分の体験や社会の現象のなかから見つけ出します。

自分の体験から具体例を見つけられれば、それが一番実感のこもった内容になるはずです。しかし、どうしても思い浮かばなければ、あるいは体験するのがむずかしいテーマであれば、本や新聞を読んだり、テレビを見たりして知ったことを挙げる方法もあります。具体例は、自分の主張とずれたものにならないように注意します。

アドバイス

具体と抽象を往復し物事の本質をとらえる

レッスン16では、「考えるシート」のなかから「具体と抽象」を取り上げました。「具体と抽象」は、テーマをとらえるとき、テーマに合う具体例を考えるときだけでなく、文章を書くときにも深くかかわっているからです。たとえば、意見文では、結論を支える理由をくわしく書いたり、それを簡潔にまとめたりしますが、前者は具体化の力、後者は抽象化の力が求められます。

また、ある絵画を見たときに感じることが千差万別であるように、同じ題材であっても、そこから何をテーマとするかは、人によって違いがあるでしょう。ここで挙げた『コボちゃん』の話も、「火事場の馬鹿力」ではなく、「お母さんのへそくり」に注目すれば、「秘密」や「内緒」といったテーマを見つけることができます。

実社会では、日々、さまざまなできごとが起きています。具体と抽象を自在に往復して考える力は、それらのできごとから、物事の本質をとらえる力にもなっていきます。

レッスン
17

「三角ロジック」を使って推理作文を書こう

「三角ロジック」は、主張に説得力を持たせるのに有効な考え方です。それを使うことで、論理的な意見文を書くことができます。レッスン17では、「推理作文」で「三角ロジック」の基本を身につけます。

問題1

つぎのマンガの結末（4コマ目）がどうなったのか、「三角ロジック」を使って推理し、一段落で作文を書いてみましょう。

©植田まさし『コボちゃん』／蒼鷹社

ヒント

① 三角ロジックは、「クレーム（意見）」「データ（事実、具体例など）」「ワラント（理由づけ）」の3つの要素からなる。何らかの意見（クレーム）を表すとき、事実や具体例（データ）を挙げて何からそう言えるのかを示すとともに、なぜそれが意見を支える根拠になるのかという理由づけ（ワラント）をのべることで、意見そのものの説得力が高まる。

② 三角ロジックを使って推理作文を書く場合は、まず、データに「3コマ目までに起こったこと」を書き入れよう。どんなことが描かれているだろうか。

③ つぎに、データから一般的に考えられる傾向を、自分の生活経験などか

◆解答欄

●三角ロジック

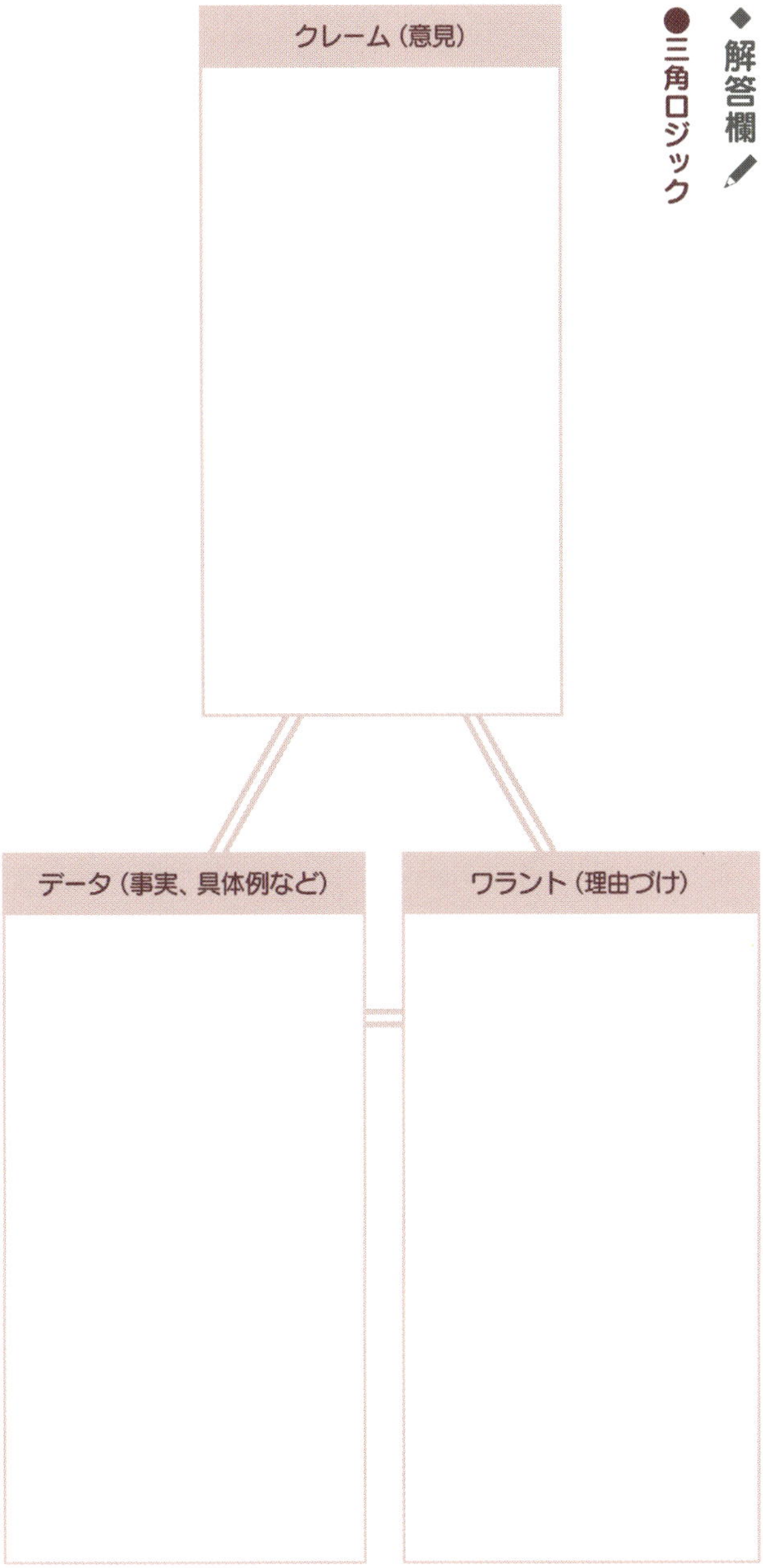

ら想像してワラントとしよう。「コボちゃんは海に行きたがっていた」「休みの日に満員電車に乗って出かけた」といったこと（データ）が描かれているが、満員電車に乗って出かけると、一般的にどうなるだろうか。とくに幼い子どもだったらどう感じ、どうなるかを想像しよう。

④　最後に、ワラントとデータをもう一度つきあわせて4コマ目に何が起こるかを推理し、クレームに書きこもう。

●推理作文を書く

（25字×5行）

◆解答例

●三角ロジック　中学校1年生・女子

クレーム（意見）
最終的にコボちゃんには、海で遊ぶ気力が残っていなかったと思う

データ（事実、具体例など）
コボちゃんは海に行くため、お父さんたちと満員電車に乗って向かった

ワラント（理由づけ）
一般的に満員電車のような人ごみは疲れるものだ

●推理作文を書く

最終的にコボちゃんには、海で遊ぶ気力が残っていなかったと思う。なぜなら、海に向かおうと電車に乗ったが、満員電車だったためだ。このような人ごみのなかで過ごさないといけなかったので、コボちゃんは、海に到着するまでに疲れ切ってしまったはずだ。

データからワラントとクレームを導き出す

まず、1～3コマ目までで描かれていることを、三角ロジックのデータに書きこんでもらいました。たとえば、「コボちゃんは海に行きたがっていた」「満員電車に乗って出かけた」などのデータを列挙してもらいます。箇条書きでもかまいません。

つぎに、通常こうした状況（満員電車）で移動するとどうなるか考えてもらいました。すると、自分の経験則からすぐに「疲れる」というキーワードが出てきたので、これをもとにワラントをつくりました。

そして、今度はそのワラントと、データに書き込んだ3コマ目までに起こったできごとを見なおして、4コマ目で何が起こるか推理してもらい、クレームの欄に書き入れました。解答例では「最終的にコボちゃんには、海で遊ぶ気力が残っていなかった」という結論（クレーム）が導き出されています。

子どもは、しばしばデータから「直接」クレームにたどり着きます。しかし、そう見えても、本当は直接ではなく、隠れたワラントを経由しています。ワラントを見つける前にクレームに至った場合でも、何がワラントになっているか考えるようにします。ワラントは、それぞれの生活経験から形づくられているため、ワラントを見つける作業を通じて、課題を各自のなかに引きつける効果もあるからです。

三角ロジックを使って推理作文を書く

三角ロジックにまとめたことをつなげて推理作文を完成させます。このとき、文と文をつなぐ表現をうまく使いましょう。作文例では、「なぜなら」や「このような」などの言葉を使って、クレーム、データ、ワラントがうまくつながるように書いています。

問題2

つぎの詩の、四角で囲った最後の行にはなんと書かれているでしょうか。「私」の思いや気持ちを三角ロジックで考えながら、一段落の作文にまとめてみましょう。

私と小鳥と鈴と

私が両手をひろげても、
お空はちっとも飛べないが、
飛べる小鳥は私のように、
地面《じべた》を速《はや》くは走れない。

私がからだをゆすっても、
きれいな音は出ないけど、
あの鳴る鈴は私のように、
たくさんな唄は知らないよ。

鈴と、小鳥と、それから私、

◆解答欄

●三角ロジック

クレーム（意見）

データ（事実、具体例など）	ワラント（理由づけ）

●意見文にまとめる

（30字×7行）

Hints ヒント

① まずは、実際に詩に書かれていることをデータに書き入れよう。データは大きく2つ挙げられるだろう。

② つぎに、データをまとめてワラントに書き入れよう。「私は小鳥のように空は飛べないが、速く走ることができる」「私は鈴のようにきれいな音は出せないが、たくさんの唄を知っている」（データ）を抽象的にいいかえると、どのようなことになるだろうか。「考えるシート」の「④具体と抽象」を使って考えよう（レッスン16参照）。

③ 最後に、ワラントとデータをもとに「私」の気持ちを考えて、クレームに書きこもう。

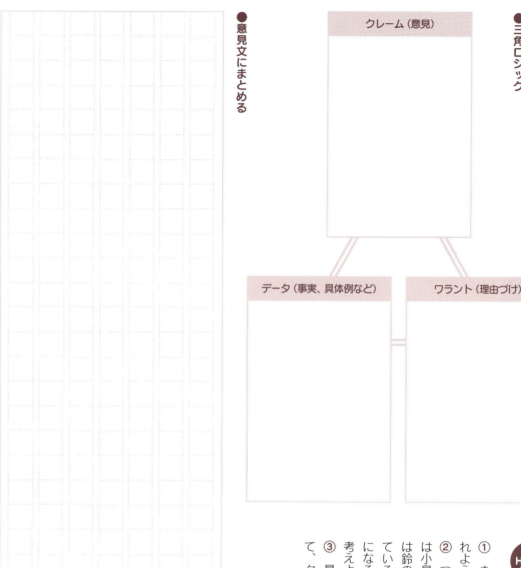

◆解答例

中学校2年生・女子

●三角ロジック

クレーム（意見）
「力を合わせれば、何でもできるね」と結ばれていると思う

データ（事実、具体例など）
・空を飛べる小鳥は「私」のように速く走れない
・きれいな音の出る鈴は「私」のように多くの唄を知らない

ワラント（理由づけ）
みんな、得手と不得手がある

●意見文にまとめる

私は、この詩は「力を合わせれば、何でもできるね」と結ばれていると考えた。詩には、空を飛べる小鳥も「私」のように速く走れないこと、きれいな音の出る鈴も「私」のように多くの唄は知らないことがつづられている。これらのことは、だれにでも得手と不得手があることを表している。よって、詩の最後は、みんなの得意なことが違うのなら、お互いに助け合うことで何でも乗り越えられるではないかという「私」の気づきでしめくくられていることだろう。

根拠にもとづいて心情を読み取る

まず、詩の記述（データ）を手がかりにして、ワラントをまとめました。つぎにデータとワラントから、「私」の思いを推察し、「みんなが力を合わせれば何でもできるね」という結論（クレーム）にたどりつきました。

このように、三角ロジックを使えば、人の心情も何らかの根拠にもとづいて推しはかることができます。

意見と理由を述べる

意見（クレーム）を述べるときは、「何（データ）」から「なぜ（ワラント）」そう言えるのか、きちんと理由を示すことが、説得力を高めるうえでも大切です。その際に役立つのが三角ロジックです。

〈ヒント〉で示したように、推理作文では、結論（クレーム）は最後に見つけますが、作文にまとめる際には、結論（クレーム）を段落の先頭に置き、それにつづけて理由を示すことで、もっとも重要なことを端的に表した文章に整えることができます。

ここがポイント……指導する方がたへ

自分の考えを論理的に説明することを目指す

マンガの4コマ目や詩句をピタリといい当てることが、このレッスンの目的ではありません。3コマ目までに描かれているできごと、あるいは詩につづられていることから自分なりの結論を導き出し、その結論に至る過程を第三者にわかるように論理的に説明することが目的です。三角ロジックはその際に役立つ考え方です。それは、題材が図表などの場合でも同様です。

推理作文で三角ロジックの基本を理解する

自分の考えを論理的に説明するためには、三角ロジックの基本を理解するところからはじめます。推理作文はそのためのしかけです。

問題1の3コマ目までのできごと（データ）を読んでもらうと、4コマ目で「海で遊ぶ気力が残ってなかった」という結論（クレーム）をすぐに出す子どももいます。しかし、そのような場合でも、なぜ、3コマ目までのできごとからそのようなクレームを導き出すことができるのかを考えてもらいます。これはワラントを意識する練習です。満員電車で移動すると、なぜ海で遊ぶ気力が残っていないのか、自分の経験をふり変えることで、「満員電車に長時間押し込められれば疲れるはず」という理由（ワラント）が見つかります。

三角ロジックは読解力も養う

詩や物語では、登場人物の心情や主題がはっきりとは書かれず、具体的な描写を通して暗示されていることがあります。その場合、読み手がそれらをくみ取らなければなりません。三角ロジックを使うと、文中に書かれた描写を根拠に、登場人物の心の動きや主題を読み取って、それらを説明することができます。三角ロジックの学習は、読解力を養うことにもつながるのです。

アドバイス

無意識の前提や仮定をワラントとして意識する

私たち日本人は、察しの文化のなかで暮らしているため、ワラントがなくても意思疎通が可能ですし、ときにはクレームさえ察し合います。

たとえば、子どもは新しいくつがほしいとき、「くつに穴があいたから、新しいのを買って」と伝えます。「新しいくつがほしい」という自分の欲求（クレーム）を伝えるのに、「穴があいた」という事実（データ）しか提示しないのです。それどころか、「くつに穴があいた」と言うだけかもしれません。それでもやりとりが成立するのは、「穴のあいたくつをはいていたら危ない」といった前提や仮定が、隠れたワラントとして共有されているからです。

このように、日常生活において、ワラントは無意識に省略されることが多いため、作文を書く際にも意識しにくいのです。

しかし、三角ロジックで意見文を書く練習を重ねると、子どもたちはワラントを意識する習慣が身につきます。そして、合理的に自分の考えを導き、それを第三者にはっきりと伝えることができるようになります。

●実際のマンガは…

●実際の詩は…

私と小鳥と鈴と

私が両手をひろげても、
お空はちっとも飛べないが、
飛べる小鳥は私のように、
地面《じべた》を速《はや》くは走れない。

私がからだをゆすっても、
きれいな音は出ないけど、
あの鳴る鈴は私のように、
たくさんな唄は知らないよ。

鈴と、小鳥と、それから私、
みんなちがって、みんないい。

レッスン
18

「三角ロジック」を使って意見文を書こう

「三角ロジック」で意見文を書いてみましょう。「三角ロジック」を使うと、自分の考えだけでなく、そう考える理由やその具体例などをあわせて提示できるので、意見文に説得力が出ます。

問題1

つぎのマンガを読んで、マンガのテーマを見つけましょう。

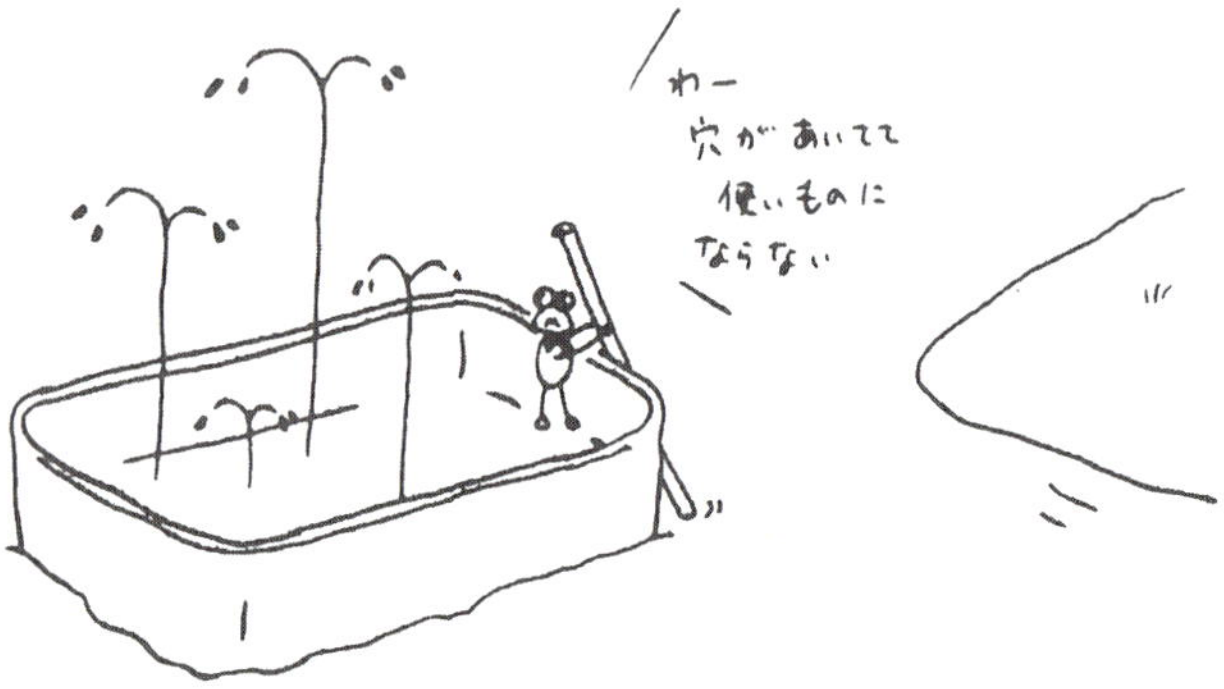

Hints

ヒント

① マンガの内容を確かめよう。ダニエル氏は、セッケン箱を舟として使おうとしたが、底に穴があいていたため、使いものにならなかった。しかし、シャワー機として開発することを思いつき、ダニエル氏は大成功を収める。

② マンガの内容からテーマを見つけよう。テーマはいろいろ考えられるが、たとえば、「シャワー機として開発することを思いついた」という点に注目すると、どのようなテーマが考えられるだろうか。「考えるシート」の「④具体と抽象」を使って考えよう（レッスン16参照）。

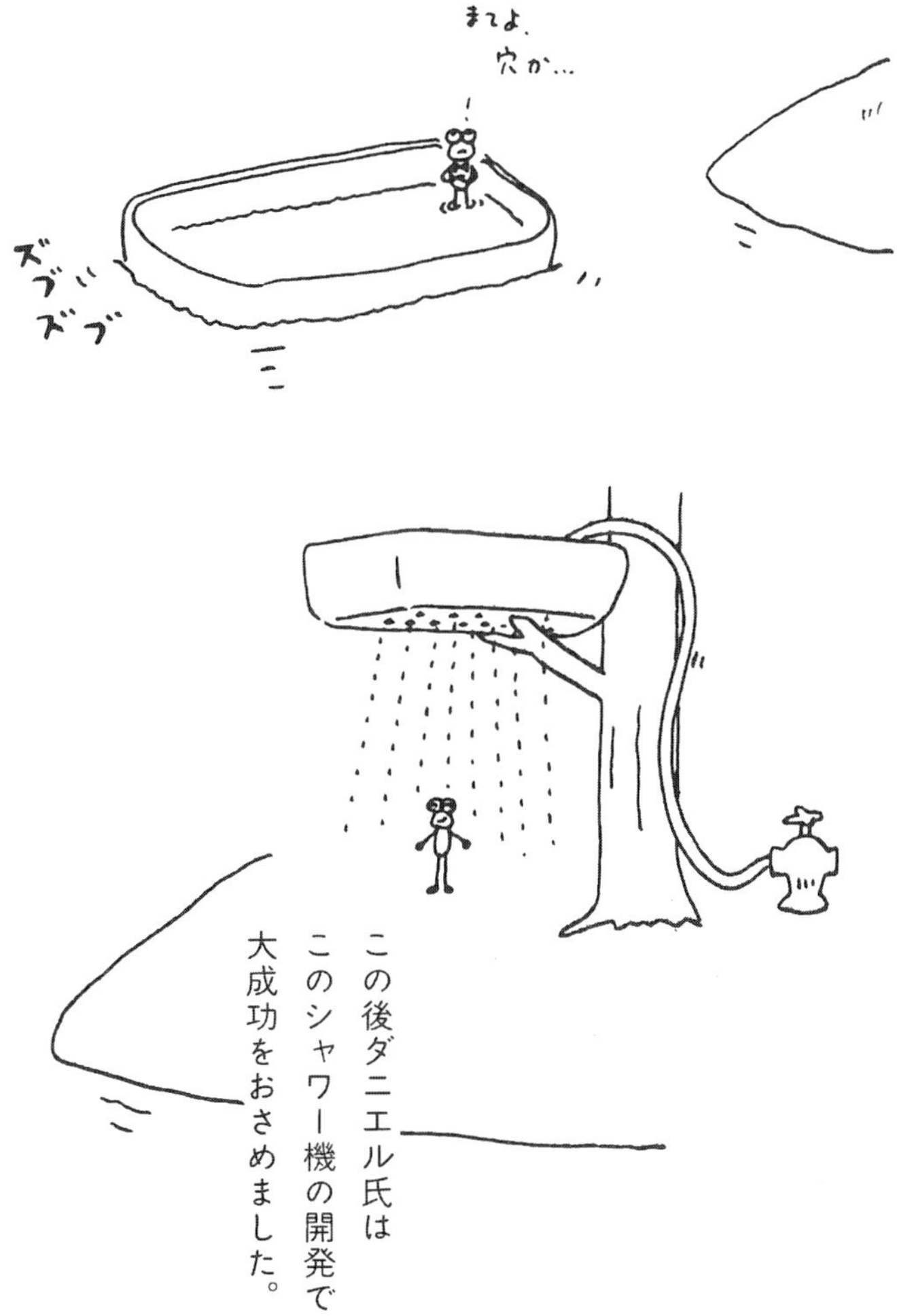

まてよ、
穴か…
ズブズブ
この後ダニエル氏は
このシャワー機の開発で
大成功をおさめました。

◆解答欄

●マンガのテーマ

問題2

テーマが見つかったら、それに対する「問い」を立ててみましょう。

◆解答欄

●問い

問題3

マンガのテーマを見つけ、それに対する問いを立てたら、「三角ロジック」を使って、一段落で意見文を書いてみましょう。

◆解答欄

●三角ロジック

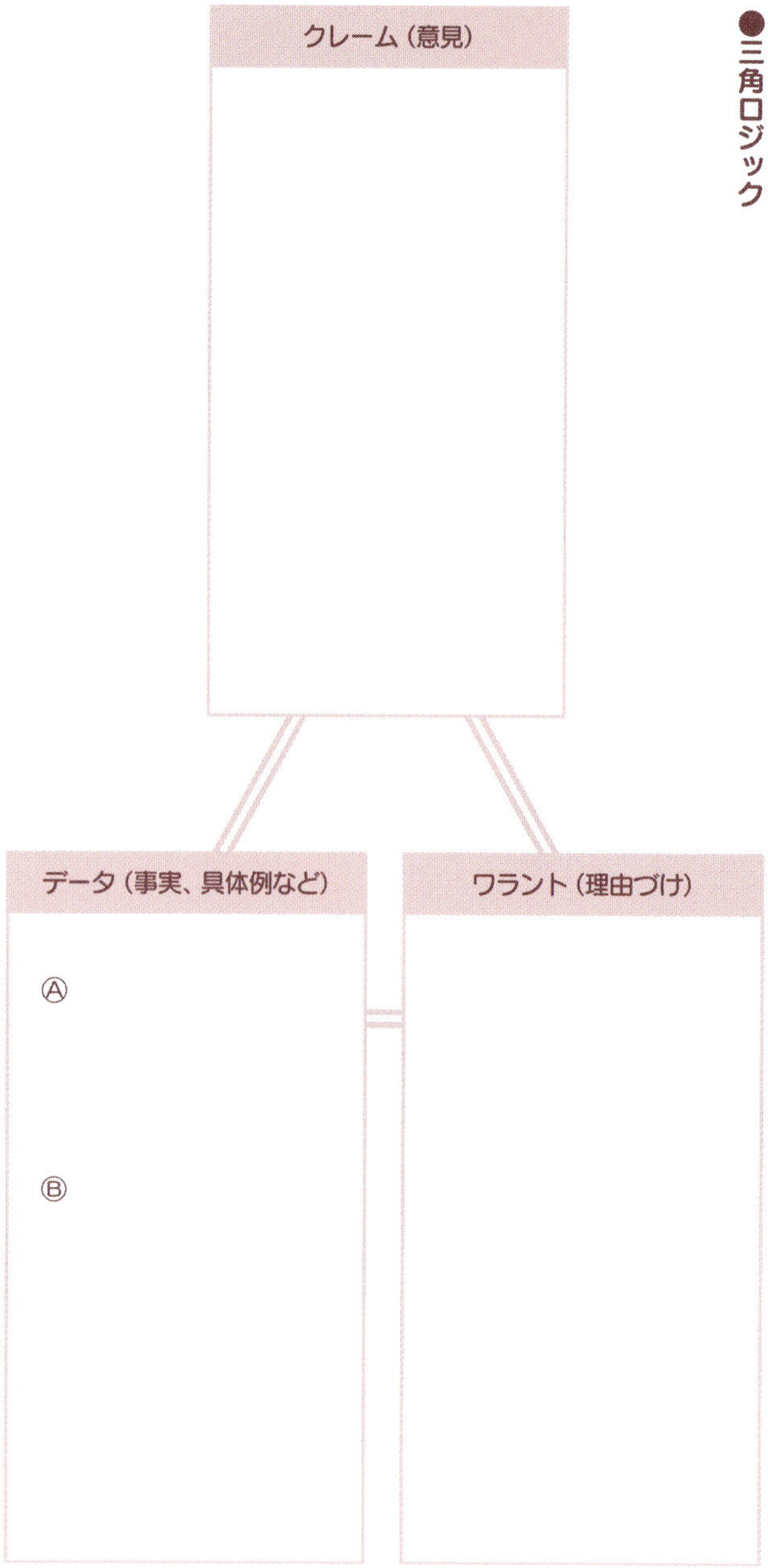

Hints ヒント

① 問題❶で見つけたテーマに対する「問い」を立てよう。問いとは、テーマについて意見文を書くときの切り口や論点、問題意識のことだ。テーマに対して「なぜ、そのようになったのか」「どのようにして、そうなったか」を考えることで、自分なりの問いを立てることができる。ダニエル氏は、穴のあいたセッケン箱を見て、なぜシャワー機を開発できたのだろうか。（レッスン15「考えるシート」の「⑧うたがう（なぜか）」を参照）。

Hints ヒント

① 三角ロジックは、「クレーム（意見）」「ワラント（理由づけ）」「データ（事実、具体例など）」の3つの要素からなる。クレームをデータとワラントで支えることでクレーム（意見）そのものの説得力が高まる。

② 問題❷で立てた問い（論点）に対する自分の考え（結論）がクレームだ。これまでの自分の体験をふり返って、

●意見文にまとめる

（21字×13行）

自分なりの答えを探してみよう。

③　データⒶには、マンガのなかで起こっているできごと（ダニエル氏の例）を書き入れよう。データⒷには、クレームを支える自分の体験などを書き入れよう。自分の体験は、テーマやクレームの内容にそったものにしよう。

④　データに書きこんだ2つの具体例を、一般的な内容に抽象化してワラントを考えよう（レッスン16、17参照）。

⑤　三角ロジックをもとに意見文を書こう。データはⒶとⒷの両方とも使ってもよいし、自分の体験であるⒷだけでもかまわない。

⑥　クレームを「中心文」（レッスン11参照）にしてはじめに置き、一段落で意見文を書いてみよう。長くても7、8文程度で一段落にまとめると、読みやすく、理解しやすい。

◆解答例

中学校1年生・女子

●マンガのテーマ

発想の転換

●問い

発想の転換を得るには何が重要か

テーマを見つける

三角ロジックで意見文を書きはじめる前に、まずはテーマを見つけます。このマンガの内容は、「ダニエル氏は、舟にするには欠陥と思われた、せっけん箱にあいた穴を利用してシャワー機として売ることを思いつき、商売を繁盛させた」というものです。これを抽象化して「柔軟な発想力によって成功した」とし、さらに簡潔な「発想の転換」という言葉にたどり着きました。

問いを立てる

マンガのテーマを見つけ、「発想の転換」について意見を書こうとしても、なかなか書くことができません。テーマそのものでは、作文の題材としては広すぎるからです。そこで、テーマに対する自分なりの問いを立てます（問題提起）。

問いは、「考えるシート」の⑧うたがう（なぜか）」を使って立てることができます。テーマに対して、「なぜ〜なのか」や「どのように〜したか」などと問いかけて本質を探ります。

このとき、「発想の転換とは何だろうか？」のように、テーマそのものに問いを投げかけても、それを自分の体験に結びつけて考えることができれば、自分なりの考えを引き出すことはできるでしょう。

しかし、テーマそのものに問いを投げかけると、作文を書きづらくなる場合も少なくありません。テーマが「全体」なら、問いはそのなかの「部分」になるよう絞っていく必要があります。あるいは、大きな問いを通して得られたことに対して、新たな問いを重ね、論点を定めていく方法も考えられます。

クレーム（意見）

物事は多面的に見ることが重要だ（と私は思う）

データ（事実、具体例など）

Ⓐセッケン箱にあいた穴は、舟として売るには致命的な欠陥になるが、ダニエル氏はそれが必要不可欠なシャワー機として売ることで商売を繁盛させた
Ⓑ古新聞は、新しい情報を得るための物としてはもう役に立たなくても、焼きいもの包み紙として使うことで資源の節約に貢献する

ワラント（理由づけ）

ある事柄が役に立つかどうかはその使い方によることが少なくない

意見（クレーム）を決める

生徒は、「発想の転換を得るには何が重要か」という問いを立てました。この問いに対する自分の考えがクレームです。

問いを立てたら、自分の体験をふり返ってみます。その際、「なぜ」だけなく、「～とは何か」「いつ（どんなとき）」「どこで（どんなところで）」「だれが（何が）」「どのように」「どのくらい」など、さまざまな角度から考えてみましょう。

生徒は、自分自身の体験から、「物事は多面的に見ることが重要だ（と私は思う）」というクレームを立てました。

データを書き出す

クレームが決まったら、その内容にそった自分の体験（データ）を書き出します。そうすることで、自分ならではの意見文になります。体験例は、クレームを考えるときに思い浮かんだことでかまいません。なかでも、直接的な体験は、書き手にとってもっとも具体的なできごとのため、自分らしい作文を書くために重要です。もし、直接体験がなければ、本や新聞、テレビなどから得た知識でもかまいません。両者とも書くことができれば、より説得力のある意見文になります。

ワラントを引き出す

生徒は、「ダニエル氏が底に穴のあいたセッケン箱を舟として使わずに、シャワー機として使うことを思いついた」（データⒶ）と、「古い新聞紙を、焼きいもの包み紙として使う」（データⒷ）という2つの具体例を、「考えるシート」の「④具体と抽象」の方法で抽象化して（レッスン16参照）、「ある事柄が役に立つかどうかはその使い方によることが少なくない」というワラントを引き出しました。

「発想の転換によってもたらされるもの」
物事は、一つの視点ではなく、多くの視点から見ることが大切だと思う。なぜなら、ある事柄が役に立つかどうかは、使い方次第ということが少なくないからだ。たとえば、新聞紙には利用方法が多くある。もともと、新聞は世の中の新しい情報が書かれている紙の束であり、基本的に読むものである。しかし、視点を変え、包み紙などとして使用することで、資源の無駄使いを減らすことができる。実際、新聞紙は、やきいもなどを包むときなどに使う場合がある。また、リサイクルによって、再び新聞紙として生まれ変わるなど、さまざまな形で社会に貢献する。

テーマに合った体験を思い出して作文を書く

作文例では、題材をもとに考えを引き出す段階から、実際に作文として書く段階まで、具体と抽象をいききしています。

実際に指導にあたっていると、自分にはテーマや問いに関する体験はないと思っている生徒を見かけますが、決してそんなことはありません。だれしも経験のあるようなごく日常的なことをふり返ってみると、たいていは関係する体験が見つかります。

作文例にある「新聞紙を焼きいもの包み紙に利用する」ことは、生徒自身が資源を節約するために実際にしたことではありませんが、周囲とのかかわりのなかで得た体験です。それは、身近な日常をふり返ることで、過去の体験がテーマにひもづけられて思い出され、新たに意味づけられたものと言えます。

個人的な体験から一般的な本質へと迫る

この作文例のように、これまでの自分自身の体験を問うことによって、自分なりにものごとの本質をとらえ、それを意見文としてまとめることができます。特別な体験は必要はありません。じつは、ありふれたことだと思っている日常の体験のなかに、自分の価値観や、ものごとの本質が隠れている場合も少なくないからです。

ここがポイント……指導する方がたへ

テーマと問いは違う

テーマと問いは違います。問いとは、あるテーマに関するある事柄に、ある角度から焦点を当てて考えることで生まれる問題意識のことです。この2つを混同すると、論点が漠然としすぎてしまい、きちんとした意見文を書くことができなくなります。

問いは意見文の羅針盤

問いとクレームは呼応しています。問いそのものはしばしば省略されるため、意識されにくいのですが、クレームがあるということは、必ず論点（問い）があります。

どんな問いを立てるかによって、当然、クレームの中身も変わってきます。したがって、問いの立て方によって、意見文の方向も内容も大きく変わります。その意味において、問いは意見文の羅針盤といえるでしょう。ですから、意見文を書く際には、問いを意識することが大切です。レッスン18では、テーマについて何らかの問題を提起することで、問いを定めていきます。

意見文を書きはじめる前に、データとして挙げた自分の体験などがテーマと関係しているか、あらためて確認しておきましょう。関係していないようなら、問いを深めるうちに意見文の方向性が変わっていったのかもしれません。その場合、テーマや問い、もしくはデータを修正しておきましょう。また、意見文を書き上げたら、クレームが問いへの答えになっているか確かめます。答えになっていなければ、どこかで意見文がねじれている可能性があります。

クレーム、データ、ワラントをどの順番で書くか

中心文を先頭に置いて段落を書く場合、最初にクレームを書きます。データとワラントの順番は、レッスン18の解答例のように、データを抽象化してワラントにした場合、ワラント、データの順で書くと収まりがよくなります。一方、ワラントがデータに関連した一般的な法則などの場合、データのあとにワラントを置くとおさまりがよくなります。

アドバイス

適切なワラントが適度な飛躍をもたらす

具体的な事例（データ）から結論（クレーム）を導くには「飛躍」が不可欠です（65ページ「アドバイス」参照）。しかし、その飛躍の程度が大きすぎると、説得力のないクレームになってしまいます。一方、飛躍がなければ、そのクレームはデータの同語反復にすぎません。真っ黒な雲が空を覆いはじめた（データ）とき、「空に真っ黒い雲がある」と結論（クレーム）づけるようなものです。これでは何も進展（生産力）がありません。

そこで必要なのが、適切なワラントです。ワラントは、一般的な傾向や法則、常識など、多くの人たちに共通している認識や経験則のことで、これが架け橋となり、データからクレームを導き出します。たとえば、「真っ黒な雲」というデータから、「多くの場合、雨が降る」という経験則（ワラント）が架け橋となって、「だから、きょうは傘を持っていったほうがよい」というクレームへと適度な飛躍をもたらします。

説得力と生産力のそなわった意見文を書くためには、適切なワラントが必要です。

チャレンジ

5

テーマと論点を定め「三角ロジック」を使って意見文を書こう

問題1

つぎのマンガを読んで考えたことを、自分の体験にてらし合わせながら、「三角ロジック」を使って500～600字の意見文にまとめましょう。

Hints ヒント

① 具体と抽象を使ってマンガのテーマを見つけよう。夕食は「なんでもいい」と言っていたおじいちゃんやお父さんは、出されたお子様ランチをどのように見ているだろうか。そこから何がわかるか考えてみよう（レッスン16の「具体と抽象」を参照）。

② テーマに関係した自分の体験を思い浮かべてデータに書き入れよう。マンガと似た体験をしたことはないだろうか。思いつかない場合は、本や新聞、テレビなどを通じて知った知識でもかまわない。

③ 問いを考えよう。マンガの例や自分の体験に対して「なぜ～なのか」や「どのように～したか」などと問いかけよう。

◆解答欄

●マンガのテーマ

●問い

●三角ロジック

クレーム（意見）

データ（事実、具体例など）

ワラント（理由づけ）

④ 問いを立てたらクレームを考えよう。クレームは問いに対する自分の結論だ。②で思い浮かんだ自分の体験などからどのようなことが言えるかを考えると、クレームを思いつきやすいだろう。

⑤ ワラントを考えよう。データからどうしてそのようなクレームを導き出せるのか、一般的な傾向や常識など、多くの人びとにとって共通認識となっていそうなことを探して、ワラントに書き入れよう。

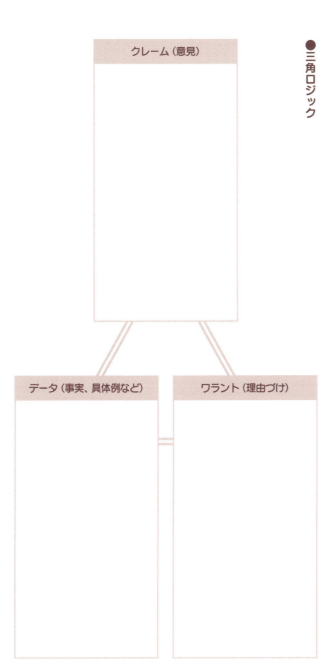

(36字×17行)

◆解答例　　中学校1年生・女子

●マンガのテーマ

人のコミュニケーションや意思疎通について

●問い

なぜ言葉と行動との間に矛盾が生じることがあるのか

●三角ロジック

クレーム（意見）

私たちの間で見られる言行の不一致は、お互いが察し合いのなかで生きていることの表れだと思う。

データ（事実、具体例など）

カラオケが好きな友人たちの気持ちをくんで、本当はカラオケが好きではないのに、自分からみんなを誘ったことがある。

ワラント（理由づけ）

日本は「和をもって貴しとなす」という文化を持つ国である。

テーマを見つける

三角ロジックで意見文を書きはじめる前に、まずはテーマを見つけます。たとえば、お母さんから夕飯の献立を相談されたおじいちゃんとお父さんのようすと受け答えに焦点を当てると、「夢中」や「無関心」、あるいは「あいまいな表現」などといったテーマが見えてくるでしょう。このように、一つの題材からも、複数のテーマを見つけることができます。

作文例では、マンガのなかのおじいちゃんたちのやり取りに焦点を当て、人のコミュニケーションや意思疎通のあり方というテーマをとらえています。そのテーマのもとでおじいちゃんたちに見られる、「発言と態度の矛盾」という問題提起をし、論点と結論とが途中でずれないよう意見を展開しています。

問いを立てる

推理作文では、「マンガの4コマ目や詩の結びはどうなっていると思うか」という問いが最初に与えられていました。問いが与えられていない課題の場合、それを自分で見つけなければなりません。

ここでは、「考えるシート」の「⑧うたがう（なぜ）」を使って、「なぜ言葉と行動とのあいだに矛盾が生じることがあるのか」という問いを考えてもらいましたが、このほかにもさまざまな疑問詞があります。「〜とは何か」「いつ」「どこ」「だれ」「どのように」「どのくらい」など、多様な角度から疑問を投げかけてみるとよいでしょう。

問いをつくるときには、「対比」（考えるシートの「③比べる」）を組み合わせて「〜と〜にはどのような違いがあるか」と考えてみたり、出てきた考えに対してくり返し「なぜ」などとぶつけてみたりします。そうすることで、より深い考えにたどりつ

　人は、発する言葉と行動や思いが矛盾している場合がある。夕飯の相談を受けた際に何でもよいと答えたものの、出されたお子様ランチにとまどっていたおじいちゃんやお父さんはその例である。

　言葉と、行動や思いとの間にこうした矛盾が生じるのはなぜだろうか。それは、私たちが「察し合い」の社会で生きているからであり、言行の不一致はその証だと思う。

　実際、私も無意識に相手の気持ちをくんで行動したことがある。たとえば、私はカラオケが好きではないのに、自分から友人たちをカラオケに誘ったことがあった。友人たちはカラオケが好きなので、楽しんでもらえるにちがいないと考えたからだ。「私」が「周り」を思ってカラオケを提案したところに、「察し」が見て取れる。

　一方、夕食は何でもよいと言ったにもかかわらず、出された食事に対してとまどっているおじい

（22字×17行）

くでしょう。

意見（クレーム）を決める

問いに対する自分の考えがクレームです。テーマに対して直接「なぜ」と投げかける場合、その問いは広いものになりがちです。そこで、生徒に「なぜ友人たちをカラオケに誘ったのか」という質問を投げかけて、考えを深めてもらいました。

こうして出てきた「好きなことならみんなに喜んでもらえると思ったから」という答えを、「他者の気持ちを察しようとした」と抽象的に整えてクレームをつくります。このように、問いに対する個人的な考えを抽象化、一般化することで、本質をとらえたクレームができ上がります。

こうして書き上げた意見文では、私たち日本人が察し合うことに依存しているという指摘が結論（クレーム）として提示されています。これは、自己の体験（データ）に問いかけることで導き出した答えを、さらに一般化しながらたどり着いたものです。

ワラントを引き出す

「夕食がお子様ランチになったこと」（データ）から、「言行の不一致は私たちが察し合っているから起きる」といきなり結論（クレーム）づけても、これだけでは両者に飛躍が大きいため説得力がありません。段差が大きい階段を一気に上るようなものです。そこで、中間にワラントを設け、データからクレームまでの段差を小さくします。生徒は、クレームとデータとを結びつけるワラントを見つけるのにやや苦戦していましたが、一般的に知られている日本の特色（「和をもって貴しとなす」）を考え、それをワラントとしました。

ちゃんたちのようすからは、「好みの夕食をつくってくれるだろう」という「察し」を相手に期待していることがうかがえる。こうした背景には、「和をもって貴しとなす」という日本社会の特色が関係しているだろう。

以上のことは、自分から他者へ、あるいは他者から自分へと、二つの方向から察し合いに依存する中で私たちが生きていることを表していると言える。

発展問題 5

新聞やテレビ、インターネットなどで、毎日たくさんのニュースが流されます。興味のあるニュースについて、つぎの「意見作文シート」に意見文を書いてみましょう。「意見作文シート」は、複数の段落を重ねて、「序論—本論—結論」の三部構成で意見文を書くためのサポートシートです。

意見作文シート

主題・テーマ

名前

導入部分（序論）		中心部分（本論）
0	1	2
テーマ・問題提起	結論を述べる	支持段落①
主題（テーマ）や問題設定の動機を書く ・情報（背景／歴史等）	提起した問題に対する自分の主張を要約する	三角ロジックを使う ・中心文～理由～具体例
		・中心文（クレーム／意見・主張・要旨） ・理由（ワラント／①なぜなら～。　②その理由は～。） ・具体例（データ／①例えば～。　②具体的には～。）

Hints ヒント

●シートに書きこむ前に

シートに書きこむ前に、テーマについてよく考えてアイデアを出します。そのために、

・興味のある記事を見つけたら、それについて考えたこと、思いついたことをどんどん書き出します。

・「考えるシート」（レッスン15参照）を使用して、いろいろな視点から考えてみます。

・ほかの子どもや家の人などと意見交換をします。

・わからないことや知りたいことがあれば、本やインターネットなどで調べます。

●シートの各項目に書きこむ

アイデアを十分に出せたら、それらが「意見作文シート」の0~6のどの欄に当てはまるかを考え、正しい欄に

			結論部分（結論）
3	4	5	6
支持段落②	支持段落③	反対意見とそれに対する反論	結論をくり返す
三角ロジックを使う・中心文～理由～具体例	三角ロジックを使う・中心文～理由～具体例		導入部分で述べた結論と同じ内容だが、言い回しを変更する
・中心文（クレーム／意見・主張・要旨） ・理由（ワラント／①なぜなら～。　②その理由は～。） ・具体例（データ／①例えば～。　②具体的には～。）	・中心文（クレーム／意見・主張・要旨） ・理由（ワラント／①なぜなら～。　②その理由は～。） ・具体例（データ／①例えば～。　②具体的には～。）	○○といった反対意見も考えられる。しかし～	①このように～ ②今まで述べてきたように～

Ⓒ国語専科教室

記入します。

0欄：読み手への問題提起の欄。具体例やデータを提示し、どうしてそのようなテーマを設定したのかという動機や、その重要性を説明する。テーマの背景知識や歴史を紹介する。

1欄：2～4欄を要約して、自分の最終的な主張や意見、問題解決の方向性を書く欄。

2～4欄：自分の主張や意見を後押ししてくれたり、支えてくれたりする内容を書く欄。

5欄：支持段落①～③（2～4欄）への反対意見を予想し書きこむ。さらに、それへの反論も5欄に書きこむ。

6欄：1欄の内容と同じだが、言い回しや具体例が違うもの。2～5欄のまとめとなっているもの

すべての欄に書きこんだら、シート左のチェック項目を確認します。

●原稿用紙に清書する

シートを見ながら、原稿用紙に清書する文章を考えます。清書しながら、メモを加筆したり、修正したりして、意見作文を書き上げます。

〈チェック項目〉

□ 導入部分と結論部分に矛盾がないか

□ 各支持段落が三角ロジックの形式になっているか（ワラントは省略される場合もある）

□ 各支持段落の内容が他の支持段落と重複していないか

□ 中心部分が一貫して「結論」を支持しているか

解答例は141ページ

コラム 5

パラグラフで書く

私たちは文章を書くとき、どのように段落を分けているでしょうか。読みやすさを考えて、一段落が長くなり過ぎないよう適当なところで区切ってみたり、つぎの話題に移るタイミングで区切ってみたりしているはずです。日本語には、段落の分け方に厳密な決まりがなく、その区切り方は、書き手それぞれの感覚によることが少なくないのです。

これに対し、「パラグラフ」によって文章を書く方法を「パラグラフ・ライティング」といいます。パラグラフとは、日本語の「段落」を意味する英語ですが、その特徴は「段落」とは大きく異なります。

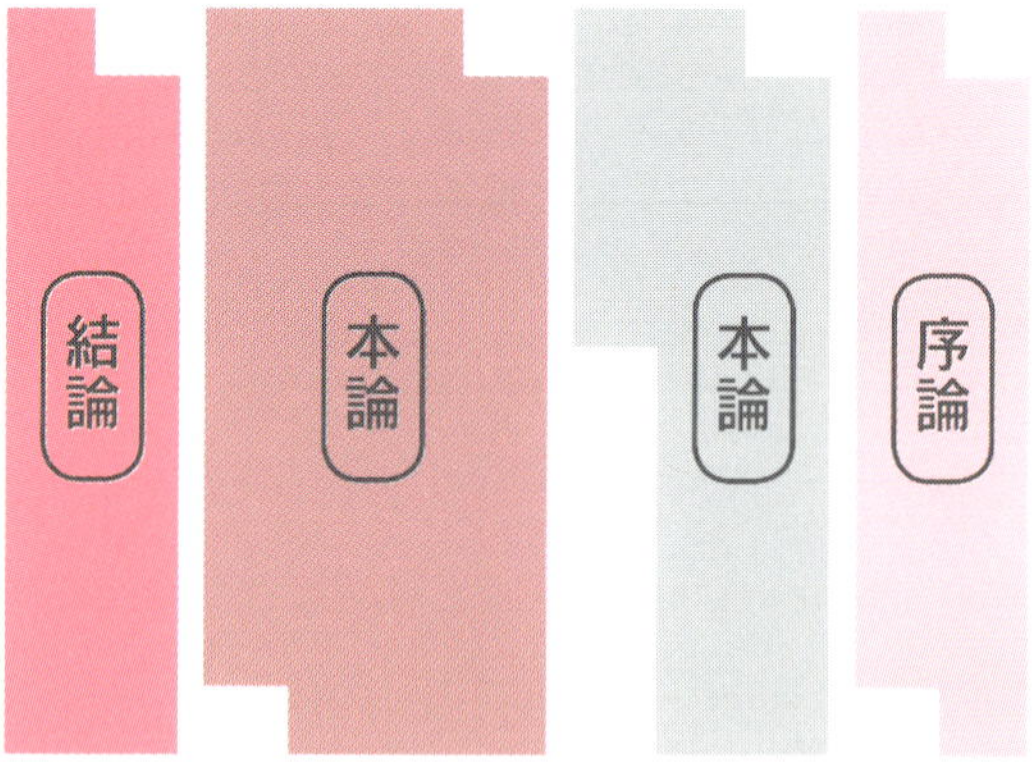

パラグラフは、明確な決まりのもとで構成されます。一つのパラグラフは、一つの話題でまとまっていなければなりません。つまり、「文章を分ける」のではなく、「文章をまとめる」というイメージで書いていくのです。こうしたパラグラフの特徴は、論旨の明快さが求められる意見文や小論文を書くのに適していると言えます。

それぞれのパラグラフは、「中心文」「展開文」「結語文」から構成されます。中心文は、パラグラフの話題を簡潔に表した文のことで、基本的にパラグラフの先頭に置かれます。展開文は、理由を述べたり、具体例を挙げたりして中心文を支える文のことです。通常、展開文はいくつか連なって構成されます。結語文は、そのパラグラフのまとめや結論を述べた文であり、中心文の内容をいいかえた文のことです。あるいは、次のパラグラフにつなぐ役目をする文の場合もあります。

パラグラフには多くの種類があります。主張とその理由を述べる、例を挙げる、対比や定義をする、因果関係や時系列によって説明する、などです。意見文や小論文、また論文やレポートは、こうしたさまざまな種類のパラグラフをいくつもつなげて書いていきます。

パラグラフのつなげ方には、「直列型」と「並列型」の二つがあります。既知の情報からだんだんと未知の情報へと深く掘り下げていく場合は、パラグラフを直列型でつないでいきます。一方、いくつかの具体例を挙げて何かを説明したりするときは、複数のパラグラフを並列的につなぎます。並列型の場合、パラグラフの順序を入れ替えても論旨に影響はありませんが、通常は重要な順に並べます。

パラグラフ・ライティングによって文章を書くとき、三角ロジックの枠組みを意識すると、個々のパラグラフを一つの話題でまとめやすくなるだけでなく、文章全体の骨子も形成しやすくなります。

発展問題解答例

1
(P27)

●パズルの答え　その1

い→か→お→え

●作文例

なつかしいスカートとなつかしくないおむつ

　ある日、お母さんが昔はいていたミニスカートをたんすから出してはいていた。そして、なつかしがっているお母さんを見たコボちゃんは、同じ気持ちを味わいたくて、たんすから昔はいていたおむつを出してはいてみた。しかし、コボちゃんは自分が赤ちゃんのときのことを覚えていないので、なつかしくなかった。

●パズルの答え　その2

き→あ→く→う

●作文例

写真を撮ることと虫を捕ること

　秋のある日、コボちゃんとお父さんが赤トンボを見つけた。そこでコボちゃんは、お父さんに「とって」とたのんだ。そこにいたよその子も、お父さんに「とって」といった。コボちゃんとお父さんは、赤トンボを先に捕られないように、急いで虫とりあみを持って、トンボのいる場所へもどった。ところが、そこにはさっきの親子がいて、トンボの写真を撮っているところだった。コボちゃんとお父さんははずかしくなって、トンボを捕るのをやめた。

2

(P45)

●作文例

おじょうさんとロダンが神社へ初詣にいった。おじょうさんはおさい銭を入れ、鈴を鳴らした。手を合わせるあいだ、静かな時間が流れた。参拝が終わって、おじょうさんは神社から帰ろうとした。ロダンは神社をだれかの家、鈴を呼び鈴だと思っていた。そのため、おじょうさんが呼び鈴を鳴らしても何も応答がなく、ロダンは留守でしかたなく帰るのだと勘違いした。

●一文まとめ

初詣のとき、神社を人の家、鐘を呼び鈴だと思ったロダンは、おじょうさんが呼び鈴を鳴らしても応答がないので、その家が留守でしかたなく帰るのだと勘違いした。

3

(P75)

私は勉強することが好きです。でも、受験勉強では制限時間があるので、とにかく急いで問題を解かなければなりません。先生は、急がなくてもいいといってくれますが、両親は、それでは合格できないといいます。だから、いまそのことでとても悩んでいます。

4

(P99)

Bの本箱を選びます。つくりを説明すると、Aは側板と側板の上に棚板がのっていますが、Bは、棚板と棚板のあいだに側板がはさまれています。Aのつくりだと高くなるにつれて、側板が別々に傾いたり、ゆがんだりしてしまいます。それに対してBは、側板がつながっているので、高さがあってもかたむいたりしません。本箱は、何段もの棚板の上に本を並べて、いつでも出し入れできるようにしたものです。周りの本箱を調べてみても、Bのようなつくりをしていました。だから、私はBの本箱を選びます。

机と本箱の作文をやってみて分かったことは、それがどのように使われるか、どうすれば使いやすいかによって、物の構造が変わってくるということです。

5

(P136)

意見作文シート

主題・テーマ：才能はどう磨かれるか

名前：

部分	番号	項目	説明	内容
導入部分（序論）	0	テーマ・問題提起	主題（テーマ）や問題設定の動機を書く・情報（背景／歴史等）	超人的な才能を持つイチロー。イチローが2018年5月4日、アメリカ大リーグの会長付特別補佐に就任。
	1	結論を述べる	提起した問題に対する自分の主張を要約する	努力。挑戦。自身の実力を信じる。
中心部分（本論）	2	支持段落①	三角ロジックを使う・中心文～理由～具体例	日々の努力はレベルアップにつながる。イチローは日々同じ行動パターンを維持する。
	3	支持段落②	三角ロジックを使う・中心文～理由～具体例	チャレンジ精神。日本人野手として大リーガーで通用するか。賭け。あきらめない精神。
	4	支持段落③	三角ロジックを使う・中心文～理由～具体例	自分で決めた道をまい進する。イチローは2018年2月（44歳）に所属球団が未定。3月にマリナーズに復帰後、オープン戦にふくらはぎの張り、頭部に死球。結果が出ない。
	5	反対意見とそれに対する反論		恩師の存在を忘れるな。彼らの才能を見出し、アドバイスを与え、進むべき道を切り開いてくれた恩師がいたからこそ、現在の彼らがある。自分だけの努力や自己流のやり方だけでは、今日の結果は得られない。
結論部分（結論）	6	結論をくり返す	導入部分で述べた結論と同じ内容だが、言い回しを変更する	ひたむきな情熱、失敗を恐れないチャレンジ精神、自分を信じる姿勢がイチローの才能を支えた。

「才能はどう磨かれるか」

（テーマ・問題提起）

２０１８年５月４日、アメリカ大リーグ、シアトル・マリナーズのイチロー選手が、球団の「会長付特別補佐」に就任した。これによって、今季は試合に出場せず、選手や監督、コーチのサポート役に回るが、来季以降は選手としてプレーできるという。イチロー選手は、どうしてこのような特別な契約を結べる選手になれたのか。

（結論を述べる）

たしかに言えることは、イチロー選手は自分を信じる一方、才能に頼らず、チャレンジ精神を持って努力しつづけてきたということである。

（支持段落①）

イチローは自分の才能に頼らずに、毎日努力をつづけた。たとえば、かれは毎日同じ行動パターンをくり返すことで知られている。毎朝同じ時間に起き、朝食を食べ、同じ時間に球場入りし、同じ準備運動をする。すべてが、一定のリズムとパターンでおこなわれる。遠征先にさえ、専用のトレーニングマシーンを持ち込むほどの徹底ぶりだ。

（支持段落②）

イチロー選手の人並外れたチャレンジ精神は、かれが日本人野手として初めての大リーガーであることが証明している。当時、体の小さな日本人が野手として大リーグで通用するのか、疑問を持つ人びとも少なくなかった。結果は、デビューした2001年に新人王、MVP、首位打者、盗塁王等のタイトルを獲得。2004年には、84年間破られることのなかったシーズン最多安打の大リーグ記録を更新した。オールスターにも、9年連続で選出されている。

（支持段落③）

イチロー選手がこれほどまでの成績を残すことができたのは、かれが最後まで自分を信じ抜いてきたからに違いない。イチロー選手は今年、初めて所属球団が決まらないまま2月のキャンプインをむかえた。選手としての限界もささやかれたが、3月、マリナーズとみごとに1年契約を結ぶ。不運なことに、シーズンがはじまると怪我が重なって成績が低迷し、戦力外通告もうわさされたが、マリナーズと会長付特別補佐という特別な契約を結び、新たな野球人生をふみ出したのだ。

（反対意見とそれに対する反論）

一方、イチロー選手個人の努力や才能だけでは今日の姿はないと考える人がいるかもしれない。たしかに、イチロー選手といえども、自分の努力だけでは、今日の結果は得られなかっただろう。新人時代のイチロー選手を見出したとされる、恩師、故・仰木彬監督の存在も忘れてはならない。しかし、恩師にめぐり与えたのも、イチロー選手にきら星のように輝く才能があったからであり、その後の活躍は、かれが、恩師の助言に真剣に耳を傾け、自分の道を突き進もうと、絶えず努力をしつづけたからである。

（結論をくり返す）

これまで述べてきたように、イチロー選手の持つ野球へのひたむきな情熱、失敗を恐れないチャレンジ精神、そして自分を信じて突き進む姿勢こそが、かれの才能を磨き、超人的な実績をつくり、支えてきたのである。イチロー選手の今後の活躍にも注目したい。

新版の刊行によせて

旧版が刊行されてから10年以上の月日が経ちました。その間も世界は目まぐるしい変化をつづけています。以前では考えられなかった膨大な情報が瞬時に目の前を行き交う時代となりました。もはやそこに国境はありません。グローバリゼーションはあらゆる場面に広がりを見せています。

こうした時代だからこそ、情報の波に流されず、主体的に社会とかかわる力が一層求められています。換言するなら、それは正解のない世界を生きる力のことです。

当教室では、1997年の設立当初から今日まで、子どもたちのこうした力を育むことに努めてまいりました。そしてこの度、これまで私どもが積み重ねてきた経験と、時代の変遷とを重ね合わせ、新版として本書を上梓する運びとなりました。

新版では、第5章を大幅に改訂しました。新しくなった第5章では、三角ロジックや当教室オリジナルの作文シートを使って、自分の意見を論理的に発信する力を養います。

本書の学びは、論文やレポートを書く際にも大いに貢献するはずです。

客観描写の力（第1章）は、論文の背景や先行研究、調査方法や調査結果など、事実を客観的にまとめる際に役立ちます。テーマ（主題）をとらえて、作文にまとめる練習や、それをさらに圧縮した一文まとめ（第2章）は、具体的に書いたり、適切に抽象化したりする力となります。これらの学びは三角ロジックを使う意見文の段階でも大いに役立ってきます。

このように本書では、すべてのレッスンが有機的に関連しながら発展していきます。本書で培った力は、やがて、自ら現実の世界を切り拓く力となっていくことでしょう。

これまで子どもたちの書いた数多くの「コボちゃん作文」を目にしてきましたが、ひとつとして同じ作文を見たことがありません。子どもたちの目に映る世界は実に多様です。グローバリゼーションも、決してこの多様な世界を均一化することではなく、同じ地球に暮らす私たちが、互いの個性や違いを認め、尊重し合うことによって成し遂げられる変化を指すのでしょう。それは、他者の考えを理解し、自らの考えを伝えていくことからはじまります。

今回、新版を刊行する企画、そして、執筆にあたって多くの助言をくださった合同出版の植村さまには、この場を借りて深くお礼申し上げます。こうして生まれた本書が、将来を担う子どもたちの活躍の一助となれたなら、これほどうれしいことはありません。そして、このような歩みを重ねていくことが、教室の創設者である、亡き工藤順一の遺志を未来へとつないでいくことになると信じてやみません。

２０１８年６月　国語専科教室

■著者紹介
工藤順一（くどう・じゅんいち）

1949－2016年。青森県生まれ。日能研、ナガセ東進教育研究所等勤務を経て、1997年、国語専門塾、国語専科教室をひらく。以降、「きちんと本にかじりつく子どもを育てる」「文章の書ける子どもを育てる」をモットーに、一貫してほんとうに本好きな子ども、自分で考える子どもを育てる。本書では第３章を執筆。

【おもな著書】
『国語のできる子どもを育てる』『論理に強い子どもを育てる』（以上、講談社現代新書）、『作文が書ける。』（みくに出版）、『子どもの「考える力」を伸ばす国語練習帳』（PHP研究所）、『子どもの才能は国語で伸びる』（エクスナレッジ）などがある。

＊執筆協力　花房太一（第２章コラム）
　　　　　　木村航、道譯昭之、杉崎るみ（第４章）

■国語専科教室へのお問い合わせ
教室の詳細は以下のホームページをご覧ください。
http://www.kokusen.net

国語専科教室

高木ひな（たかぎ・ひな）
第１章担当。小学校から大学まで４度の受験を経験し、つめ込み教育に疑問を持つ。読書（読み）と作文（書き）が国語の土台であることを子どもたちに教える。

中村一郎（なかむら・いちろう）
第２章担当。2004年３月に帰国するまで、マレーシアで10年間、在留邦人子弟を対象とした学習塾の講師をしていた。「日本人にとって日本語とは何なのか」ということへの答えを国語専科教室で子どもたちとともに探している。

小林　敦（こばやし・あつし）
第４章および本文図版原案作成担当。建築家。専攻は近代建築・芸術論。主に空間認知の視点から設計をおこなう。

伊藤雄二郎（いとう・ゆうじろう）
第５章「レッスン15」担当。専門は心理学と経済学。心理学の手法を教育に応用。子どもと子ども時代の新鮮な感覚を見失いがちな大人のための創造性の開発に取り組む。

吉田 敬（よしだ・たかし）
第５章「レッスン16、17、18」「チャレンジ５」「コラム５」担当。言語教育学、および言語心理学を専門領域とする。とくに、日本語の文字言語（書きことば）によるコミュニケーションについて、教育面や実用面から探究している。

瀬戸隆文（せと・たかふみ）
第５章「発展問題５」を担当。大学にてフランス文学を専攻。イギリスでおよそ10年のビジネス経験を経て、2005年より国語専科教室に参加。国際人であるための日本人の育成に関心を持っている。

〈新版〉これで書く力がぐんぐんのびる!!

2007年５月25日　第１刷発行
2018年７月30日　新版第１刷発行

著　者　工藤順一＋国語専科教室
発行者　上野良治
発行所　合同出版株式会社
　　　　〒101－0051 東京都千代田区神田神保町１－44
　　　　電話　03（3294）3506　　FAX　03（3294）3509
　　　　URL　http://www.godo-shuppan.co.jp/
　　　　振替　00180－9－65422
印刷・製本　新灯印刷株式会社

ISBN978-4-7726-1342-2　NDC816　257×182　©国語専科教室，2018